H. de LAS CASES

Quatre Ans

AU

SÉNAT d'APRÈS GUERRE

1920-1924

MENDE
IMPRIMERIE TYPOGRAPHIQUE C. PAUC
6, Rue d'Ayguespeuses, 6

1923

E. de Las-Cases

A mes chers petits-enfants :

Emmanuel-Privat
Marguerite-Marie
Monique
Bertrand
Françoise
} de *LAS CASES*,

pour qu'ils voient l'amour que j'ai porté à la Lozère, et qu'ils s'en souviennent.

PRÉFACE

Monsieur Emmanuel de Las Cases présente ici réunis quelques-uns des discours qu'il a prononcés au cours de ces dernières années, en même temps qu'il définit une fois de plus le programme dont il s'est toujours inspiré.

Depuis vingt ans qu'il représente au Sénat notre pays de Lozère, M. de Las Cases a suivi, sans jamais s'en écarter, la ligne de conduite qu'il s'était tracé et qui lui a mérité la fidélité constante de ses électeurs.

Patriote, il a soutenu cette politique largement nationale dont M. Millerand et M. Poincaré sont aujourd'hui, à la tête du Gouvernement, les partisans résolus.

Catholique, il a défendu en toutes circonstances les droits de la conscience et les libertés religieuses.

Libéral, il a soutenu ses convictions avec une ferme courtoisie qui lui a mérité l'estime de ses adversaires eux-mêmes.

Démocrate, dans le sens le plus généreux du mot, il s'est dévoué à la cause des humbles et des travailleurs.

Les discours prononcés par M. de Las Cases, depuis 20 ans, au Sénat, au Conseil général de notre département et à travers tous le pays s'inspirent tous de cette politique d'union sacrée, de respect des consciences, de libéralisme et de progrès social.

Est-il besoin de rappeler à des Lozériens ses interventions à la Tribune du Sénat, lors de la discussion des lois sur les Congrégations, sur la Séparation de l'Eglise et de l'Etat et la dénonciation du Concordat, sur la liberté d'enseignement, sur la reprise des relations avec le Vatican ?

Devant la Haute-Assemblée, il a pris la parole en faveur des familles nombreuses et obtenu pour elles un allègement des charges militaires.

Il a soutenu les principales réformes sociales votées en ces dernières années, le repos hebdomadaire, le minimum de salaire pour les ouvrières travaillant à domicile, le développement du droit de posséder pour les Syndicats. etc. etc.

Tout récemment encore, il a participé à la grande réunion organisée salle Wagram, à Paris, sous la présidence du cardinal Dubois, en faveur du repos dominical des postiers.

Mais l'activité de M. E. de Las Cases ne s'est pas bornée à ces éloqrents discours qui ont fait de lui un de nos orateurs catholiques les plus écoutés.

Grâce à la situation qu'il a su conquérir au Sénat, il a été appelé à siéger dans les principales commissions parlementaires où il a su défendre les grands intérêts français et ceux de la petite patrie lozérienne.

Il a fait partie de la Commission des Affaires étrangères, de la Commission d'Alsace-Lorraine et des Commissions d'Instruction qui ont instruit les procès Malvy et Caillaux.

Il est membre de la Commission d'Enseignement et de la Société de législation civile et commerciale.

Ses collègues du Sénat l'ont encore désigné comme membre de l'Office National des Pupilles de la Nation, ce qui lui a permis de s'occuper d'une façon toute particulière des intérêts des orphelins de guerre.

Il a été désigné par le Ministère pour faire partie du Comité Supérieur d'Hygiène qui s'intéresse spécialement aux familles nombreuses et au problème de la Natalité.

Enfin, il a été nommé vice-président de la Ligue fondée par M. Léon Bourgeois pour appuyer la Société des Nations et combattre ainsi le danger des guerres futures.

Dans toutes les situations qu'il occupe, Monsieur de Las Cases n'a jamais cherché un moyen de satisfaire une ambition personnelle.

Il n'aurait tenu qu'à lui d'arriver au Ministère, lorsque M. Ribot a fait appel, pendant la guerre, à son concours.

Mais choisi comme représentant des catholiques, il avait posé comme condition que le Gouvernement de la République reprendrait les relations avec le Vatican, comme l'y invitait alors une lettre du Pape.

Aujourd'hui que ces relations ont été renouées, M. de Las Cases est en droit de penser avec quelque fierté qu'en posant devant le Gouvernement cette question dès 1917, il a contribué pour une large part à ramener le rapprochement si désiré entre la République et le Saint-Siège.

Mais M. de Las Cases, s'il n'a jamais utilisé pour lui-même les fonctions auxquelles l'ont appelé la confiance de ses collègues et du Gouvernement, s'en est du moins servi pour mieux défendre les intérêts que ses électeurs lui avaient confiés.

A cet égard, ce n'est pas au rédacteur de cette préface, c'est à tous ses compatriotes qu'il appartient de dire avec quel dévouement et quelle efficacité Monsieur de Las Cases a rempli son mandat.

Pas une fois une Municipalité, pas une fois un Lozérien, quel que soit le parti auquel il appartienne ne s'est adressé à M. de Las Cases sans obtenir la réponse, la démarche, l'intervention qu'il sollicitait.

Pas une œuvre sociale ne s'est fondée en Lozère sans qu'il ne lui ait donné son appui : il a généreusement répondu aux demandes de subventions qui lui ont été adressées par les Syndicats agricoles, les Sociétés sportives : tout récemment, il a contribué à fonder la Société de Crédit Immobilier qui rend de si grands services dans notre département.

Les Lozériens, tous les Lozériens peuvent donc être fiers du Sénateur auquel depuis vingt ans ils ont accordé leurs votes.

Il a représenté notre pays avec une éloquence, un dévouement sans bornes.

Il a défendu la cause catholique, la liberté, en même temps qu'il a bien servi les intérêts de notre département et de chacun de nous.

Le 6 Janvier prochain, nous lui renouvellerons notre confiance, sûrs que la défense de nos droits ne peut pas être placée en de meilleures mains.

Un Délégué.

Lettre à Messieurs les Electeurs

Messieurs les Délégués et Chers Concitoyens,

Il y a vingt ans que vous m'avez fait l'honneur de m'envoyer au Sénat pour y défendre à la fois vos idées, vos traditions, vos intérêts publics et privés.

Je me représente aujourd'hui devant vous pour la quatrième fois.

A chaque élection nouvelle, je me suis permis de vous envoyer une brochurette rappelant à ceux qui m'avaient déjà nommé quels étaient les engagements pris avec eux et comment je les avais tenus ; à ceux qui votaient pour la première fois, quels étaient mes idées, mes opinions, mes projets. Je tiens à rester fidèle à cette tradition.

La confiance toujours croissante d'une majorité à chaque élection augmentée m'y autorise. Les 209 voix dont vous m'avez gratifié en 1903 se sont élevées à 219 en 1906 et à 265 en 1919 sur 380 électeurs.

En 1919, mon programme vous disait :

« Catholiques, nous ne demandons qu'une chose : La
« liberté de conscience.

« Nous ne voulons imposer à personne nos idées autre-
« ment que par la persuasion, mais nous entendons être
« libres et d'une liberté vraie ; être respectés et, bons fran-
« çais pendant la guerre, être traités en bons français pen-
« dant la paix. »

De cette politique nouvelle qui devait remplacer les luttes et les brimades d'avant-guerre, nous demandions pour gage et symbole la reprise des relations avec le Vatican.

Cette première étape de nos justes revendications est aujourd'hui réalisée.

A la Commission des Affaires étrangères, dont je faisais partie, à la tribune du Sénat, lors de la discussion, j'ai été heureux de tenir ma promesse.

Nous avons triomphé.

« Patriotes, nous vous promettions de mettre au premier
« plan de nos préoccupations, la sécurité du pays. Nous
« n'entendions pas laisser à l'Allemagne vaincue, la possi-
« bilité d'une revanche ; désireux avant tout d'assurer la
« paix à notre chère France et décidés à éviter à nos enfants
« et petits-enfants, les horreurs que nos frères avaient
« connues, nous n'entendions ne provoquer aucun conflit,
« mais ne déserter en rien les devoirs que la prudence
« exigeait. »

Conformément à cette pensée, en face du cynisme, de
la mauvaise foi et des menaces allemandes, nous n'avons
pû encore, autant que nous l'aurions voulu, réduire la
durée du service militaire. Suivant en cela le Gouvernement qui demandait à notre patriotisme ce sacrifice, nous
avons voté le service de dix-huit mois. Nous espérons que
la résistance de nos anciens ennemis, vaincue, nous pourrons bientôt le réduire.

« Démocrates, nous disions, nous, que la République soit
« le gouvernement de tous, pour tous et par tous. Qu'il dé-
« fendit tous les intérêts légitimes, que les petits, les labo-
« rieux, les travailleurs eûssent toujours une large part à
« notre bienveillance et que notre dette envers nos combat-
« tants et nos victimes de la guerre : ascendants, veuves,
« mutilés, orphelins, fusse de toutes, la plus sacrée. »

Et nous avons exigé que dans les administrations, pour
ouvrir ou fermer les portes des fonctions publiques ;
on se préoccupât — non comme sous le régime combiste — de l'opinion religieuse des candidats ou des anté-
cédents politiques de leur famille, mais de leur honorabi-
lité, de leur capacité, de leur caractère et de leur savoir.

Nous avons maintenu et largement amélioré l'œuvre
sociale déjà existante. Nous avons donné plus de soin à
l'Hygiène. La famille est la base de toute société, nos lois
— pour la première fois — l'ont favorisée.

Les veuves, les ascendants, de nos héros, nos glorieux mutilés, ont été dotés d'allocations moins larges que nos cœurs l'eussent voulu, mais autant que nos finances l'ont permis.

Nous avons amélioré la loi sur les pupilles de la nation. Nous avons ouvert les portes des offices départementaux et de l'office national aux représentants des veuves, ascendants et mutilés.

J'ai eu la bonne fortune comme membre au Sénat de la Commission des pupilles de la nation de participer à ces améliorations et de les activer.

« Nous avions enfin promis de rester fidèles à *l'union sacrée* » qui, pendant la guerre nous avait valu la victoire. Pendant la paix elle devait nous assurer le relèvement. Nous n'y avons pas manqué. Nous avons tenu avant tout à éviter le retour des luttes religieuses. Les plaies en sont trop récentes pour être fermées.

Nous n'avons pas renoncé aux justes revendications que tous les français, j'en suis sûr, accepteront un jour dans un esprit de légitime fraternité ; mais nous avons accepté d'en suspendre la réalisation. Nous avons évité sur les origines de la guerre, sur sa préparation ou sa non préparation, et sur sa conduite, tout débat trop hâtif et trop irritant. Nous n'avons pas voulu scruter d'un œil trop perçant le passé de certains ministres ; nous ne leur avons demandé que leur opinion et leur action présente. Et tant qu'ils ont servi utilement les intérêts du pays, nous les avons fidèlement soutenus de nos votes.

Que nous ayons pû, à l'heure actuelle, relever toutes les ruines du passé et rétablir notre prospérité d'avant-guerre, nous ne nous en flattons pas ; cinquante-deux mois d'une invasion et d'une lutte, la plus sanglante qu'ait connu le monde, demandent, pour s'effacer, l'appui du temps. Mais, pour tout homme sans parti-pris, notre œuvre n'a pas été vaine. L'administration a gagné en esprit de justice et d'équité.

Tous les citoyens peuvent l'aborder plus aisément et obtenir justice.

Nos finances, si gravement atteintes, se relèvent petit à petit. Chaque année voit diminuer la nécessité de nouveaux emprunts et augmenter les plus-values. L'équilibre du Budget serait fait si l'Allemanne payait ce qu'elle nous doit.

La fermeté si digne et l'éloquence si documentée et si pleine de raison de M. Poincaré a eu déjà, en partie, et aura prochainement complètement raison des résistances allemandes. Elle a éclairé tous les esprits de bonne foi, dissipé les calomnies de Berlin, ouvert les yeux à l'Angleterre elle-même.

Notre attitude, loin de rompre nos alliances, les a consolidées.

Enfin, si on excepte les petits rentiers, écrasés par la vie chère, tout homme qui travaille de ses mains ou de son intelligence peut s'assurer une existence qui lui rappelle son bien-être d'avant-guerre.

L'ouvrier a vu ses salaires hausser ; des mesures de prévoyance ont été prises pour l'assurer contre les mauvais hasards de l'existence ; d'autres sont projetés.

L'agriculteur, le commerçant, l'industriel, tirent parti de leurs produits.

Que la France regarde autour d'elle ; elle n'a subi ni l'effondrement sanglant de la Russie, ni le chômage, lèpre dévorante dont souffrent l'Angleterre et les Etats-Unis.

Son franc, certes, a baissé en valeur d'achat des deux tiers, mais, tout fait prévoir son relèvement. Notre change est encore meilleur que celui de nos voisins et alliés la Belgique et l'Italie.

Arrière un optimisme qui pourrait engendrer chez nous la paresse ou l'orgueil, mais arrière aussi un défaitisme qui, pendant la paix comme pendant la guerre, enchaîne la victoire et est injustice et trahison.

E. de Las Cases

Quatre années au Sénat

d'après-guerre

Faits

et

Idées

---

a) Politique extérieure ;
b) Armée ;
c) Diplomatie ;
d) Société des Nations.

Questions Intérieures :

1° *Questions Religieuses :*
>> Ecole et Etat
>> Congrégations
>> Diocésaines

2° *Questions Financières :*
>> Budget de l'Etat
>> Dette Russe
>> Budgets Locaux

3° *Questions Agricoles.*

4° *Questions Sociales :*
>> Ruches

5° *Dettes de Reconnaissance.*

POLITIQUE EXTÉRIEURE

La situation fin octobre 1918

A la fin d'octobre 1918, l'Allemagne agonisait. L'Autriche s'était rendue ; la Bulgarie et la Turquie l'avaient imitée. A l'intérieur de l'Allemagne les populations démoralisées accusaient leur Gouvernement et chef d'armées de leurs maux. Kaiser et Kronprinz avaient pris la fuite. Comme un flot que rien ne peut arrêter, nos armées victorieuses de toutes parts traquaient les débris des hordes germaniques.

Sous la direction de notre Castelnau, notre droite préparait un grand mouvement d'enveloppement qui allait faire tomber dans nos filets des milliers et des milliers de soldats allemands. Jamais l'Histoire n'avait enregistré pareil désastre. L'habileté astucieuse de nos ennemis consista à lever les bras et à demander grâce avant le coup mortel. Ils s'inclinèrent alors devant les les conditions les plus honteuses qu'ait jamais subi l'honneur d'une armée.

Ils évitèrent ainsi l'occupation de leur territoire. Cette occupation eut été pour nous un gage efficace. Aurions-nous dû malgré leur soumission, continuer la lutte.

Le Maréchal Foch a, d'un mot, tranché la question : obtenant tout ce que nous exigions, pouvions-nous courir le risque de faire encore couler le sang français.

Le Traité de Versailles
Démembrement de l'Allemagne

Au glorieux Traité de Paix de Versailles de 1919, il eût été juste de briser complètement ce qu'avait édifié le Traité néfaste de 1871, c'est-à-dire l'unité allemande.

Divisée comme autrefois l'Allemagne perdait la puissance d'agression qu'elle avait due à l'unité.

Malheureusement, comme l'avouait mélancoliquement Clemenceau, ayant fait la guerre à plusieurs, nous étions obligés de faire la paix à plusieurs.

Le Président Wilson s'opposa à tout démembrement, son idéologie roublarde prétexta le respect dû au pseudo-droit des nationalités. Lloyd George l'appuya.

La politique égoïste de l'Angleterre n'a-t-elle pas toujours été de diviser l'Europe.

Le Traité de Versailles fût donc, non ce qu'eût voulu la France, mais ce qu'elle pût obtenir.

Quand la santé de M. Deschanel, nommé Président de la République en 1920, l'obligea à quitter le Pouvoir, il fut remplacé par M. Millerand. Caractère froid, taciturne même, son aspect extérieur révélait les qualités maîtresses de l'homme : la réflexion, la solidité de son bon sens, sa ténacité, son activité et sa fermeté. En envoyant le Général Weygand apporter l'appui de sa science militaire à nos amis polonais il avait sauvé la Pologne et peut-être l'Europe, d'une invasion bolcheviste. En mai 1921, conformément au Traité de Versailles la Commission dite des réparations, fixa la dette de l'Allemagne à l'égard de ses victimes c'est-à-dire de nos alliés et de la France. Le chiffre en fût établi avec une extrême modération.

Le Cabinet Briand
Effort de conciliation. — Transactions
Echec

Le Cabinet Briand s'efforça d'arriver à une entente amiable avec le Reich.

Mais toutes les conférences à ce sujet n'aboutirent qu'à des concessions inutiles en face de la mauvaise foi formelle de l'ennemi.

Notre modération parût, un instant, faiblesse. M. Briand le comprit. Il se retira pour laisser la place à une main plus ferme. Et M. Poincaré lui succéda.

M. de Las Cases, depuis quarante ans connaît M. Poincaré. Il fût comme avocat au Palais de Paris, son confrère et son ami. Membre, comme celui-ci de la Commission des Affaires étrangères, il avait pris part lors de l'affaire d'Agadir, à la séance historique où M. Caillaux s'était effondré et avait dû donner sa démission pour faire place à un Ministère Poincaré.

Celui-ci avait, quelques mois plus tard quitté la Présidence du Conseil pour la Présidence de la République. M. de Las Cases était de ceux qui avaient soutenu auprès de ses amis une candidature qui écartait de la politique l'influence néfaste de M. Combes.

De sa descente du Pouvoir Suprême, à la formation du Ministère actuel, M. Poincaré avait présidé la Commission des affaires étrangères.

M. de Las Cases en faisait partie et il pût y apprécier ses qualités d'homme d'Etat.

De taille moyenne, mais solide et bien proportionnée, M. Poincaré a, de l'officier de chasseurs à pieds, qu'il fût pendant son service militaire, l'allure vive et décidée. Sa bouche volontaire montre aux psychologues sa persévérance. La proie qu'il tient, il la tient bien. A cet équilibre physique correspond un équilibre intellectuel merveilleux.

Mémoire infaillible qui met à sa disposition dans la lutte, à l'instant même tous les documents, souvenirs, précédents, exemples historiques qui peuvent rendre irrésistibles son argumentation ; méthode impeccable dont les enchaînements logiques éclairent sa pensée d'une telle force, que sa parole donne l'impression de la raison armée.

Et cette raison conquiert, non seulement la France, mais nos alliés et les neutres à qui s'adressent aussi évidemment ses discours.

Labeur que rien ne fatigue et qui lui permet une activité intellectuelle chaque jour grandissante, qui confond l'imagination.

On a peine à comprendre comment un cerveau humain peut, sans jamais rien perdre de son calme et de sa lucidité, fournir une tâche aussi grandiose.

La paix, disait dernièrement M. Poincaré, « est une création continue » ; le mot est aussi profond que juste. Qui veut la paix, surtout en face d'un adversaire comme l'Allemagne d'aujourd'hui, doit l'appuyer sur une armée solide, des alliés dévoués, une diplomatie active et éclairée.

L'Armée

Folie des armements européens de 1871 à 1914

De 1871 à 1914 l'Europe n'a cessé d'augmenter ses armements. Cette folie a été la conséquence fatale des visées ambitieuses et cupides de l'Allemagne. Celle-ci rêvait de courber le continent sous sa botte. Nous avons dû fatalement suivre pas à pas le développement de ses armées et de ses inventions meurtrières.

Pendant la guerre, nos soldats répétaient : « nous sommes « prêts actuellement à tous les sacrifices pour que nos enfants « n'aient pas à souffrir ce que nous souffrons.

Pour répondre à cette volonté, les négociateurs de Versailles ont essayé de désarmer l'Allemagne. Ils voulaient ainsi pouvoir diminuer notre effort militaire sans porter atteinte à notre sécurité. Le maréchal Foch réclamait, dans ce but, la frontière du Rhin.

Wilson et Lloyd George

Ici encore, nous nous heurtâmes à l'opposition de MM. Wilson et Lloyd George.

A quoi bon, disait le premier, nous donnerons à la France mieux que cela : La garantie que nos troupes seront à ses côtés si jamais l'Allemagne voulait franchir ses frontières. Si les Etats-Unis prennent cet engagement, nous prendrons le même ajoutait L. George. Notre loyauté française se laissa prendre à ces promesses solennelles.

Wilson ne pût — si même il le tenta — faire signer par son Parlement le traité offert. L. George se retrancha derrière cette carence pour éluder ses obligations.

D'autres dispositions avaient également été prises par le Traité de Versailles : l'Allemagne devait réduire son armée à cent mille hommes de troupe et ne donner à sa jeunesse aucune éducation militaire. Le nombre de ses canons, de ses mitrailleuses, de ses avions, de ses vaisseaux, de ses tancks, était limité. Une commission composée d'officiers alliés devait surveiller l'exécution des engagements imposés.

Elle n'a cessé depuis quatre ans d'y manquer. De là, pour nous, l'obligation d'avoir sous la main, une armée suffisante pour éviter une surprise.

De là l'impossibilité momentanée du service d'un an.

De là l'obligation de voter comme l'a demandé le gouvernement et comme le patriotisme nous l'a imposé, le service de dix-huit mois.

Dès que l'Allemegne, déjà chancelante devant la volonté du Ministère Poincaré et l'occupation de la Ruhr, aura réellement cédé, nous pourrons réduire les charges qui pèsent si lourdement, notammeut sur nos populations agricoles.

Service de 18 mois momentanément

M. de Las Cases aurait voulu, tout au moins, que, pour celles-ci, le service fut agencé de telle façon que nos jeunes cultivateurs entrant sous les drapeaux en octobre fussent libérés dix-huit mois après, c'est-à-dire en avril, au moment où les travaux des champs les appelaient. Ils n'auraient ainsi perdu à la caserne qu'un été. S'il ne pût triompher sur ce point, du moins, il eut utile et partielle satisfaction sur un autre.

Le service militaire et les familles nombreuses

Lors du vote du service de deux ans, en 1905, M. de Las Cases proposa au Sénat un amendement qui réduisait la durée de la présence sous les drapeaux des enfants appartenant aux familles nombreuses.

N'est-ce pas la famille, autant que l'individu, qui paie cet impôt ?

Son amendement et son discours, que nous citons plus loin (3ᵉ partie), fut alors repoussé à une toute petite majorité.

L'idée était juste, elle a fait son chemin.

Actuellement le fils aîné d'une famille de cinq enfants ne fera qu'un an de service militaire.

Diplomatie

L'Angleterre

Un pays qui s'appuie sur des alliés sûrs, fidèles, ayant les mêmes intérêts que lui, et décidés, en cas de besoin, à lui apporter un aide militaire rapide et solide, peut restreindre ses propres forces.

Notre alliance avec l'Angleterre est de nature à nous rendre ce service.

Une condition, toutefois s'impose : il faut que l'Angleterre n'oublie pas que nous l'avons sauvée, elle aussi, du joug allemand et qu'elle cesse de se livrer à un jeu de bascule qui, en flattant l'Allemagne, l'incite à continuer sa résistance.

L'Alliance franco-anglaise, tout le monde le reconnaît, peut assurer la paix du Monde.

Mais, quel est le meilleur moyen d'assurer cette alliance ? Est-ce de céder à tous les caprices des gouvernants anglais ? Un trop grand amour de la conciliation ne risque-t-il pas de paraître faiblesse ? Or, on ne s'appuie que sur les forts. Trois années de concessions en concessions n'ont fait qu'augmenter l'arrogance de M. L. George. Une politique plus digne ne serait-elle pas plus habile ?

Devant celle de M. Poincaré et l'occupation du gage de la Ruhr, l'Angleterre a commencé par grogner. Mais aujourd'hui, en Angleterre comme aux Etats-Unis, nos premiers succès ont produit leur effet. L'opinion publique et les journaux anglais et américains nous approuvent. Les gouvernants penseront bientôt comme l'opinion.

De la fermeté sans heurts, de la volonté sans éclat, c'est encore le meilleur moyen pour nous de rester bons amis avec nos alliés anglais.

La Belgique. — La petite Entente

A côté de l'Angleterre, nous avons d'autres alliés. L'admirable Belgique d'abord.

Il y a quelques jours, la Chambre belge nous donnait l'assurance de sa fidélité par la bouche éloquente de notre grand ami, Carton de Wiart, Président du Conseil d'hier, et peut-être Président du Conseil de demain. Son caractère, sa grandeur d'âme et son chevaleresque idéal, sont le plus sûr garant de sa parole.

Ne comptons pas pour rien non plus l'alliance fidèle de la Serbie, de la Roumanie, de la Pologne. Cette petite Entente avec ses cent millions d'hommes peut, si un conflit s'élevait, être une grande force.

C'est l'idée qui a toujours inspiré M. de Las Cases et qu'il exprimait dans l'article reproduit plus loin (3ᵉ partie).

La Diplomatie française

Conserver l'entente avec les Alliés, de même que la bonne harmonie avec les neutres et avoir l'œil toujours ouvert sur les menées des ennemis d'hier qui peuvent devenir les ennemis de demain, tel est le rôle éminemment utile de la diplomatie.

Pour accomplir cette mission, la diplomatie française doit être représentée partout où elle trouve un observatoire utile. Or, toutes les nations reconnaissent que le Vatican est un observatoire excellent.

Puissance spirituelle, la Papauté étend ses regards sur tout l'Univers, car dans tout l'univers, elle a des enfants.

Toutes les nations, sans distinction, sont représentées au Vatican. Seule la France au cours de nos luttes religieuses, avait rompu. Elle avait abandonné ainsi une vieille et sage tradition.

Son intérêt était de la reprendre.

M. de Las Cases qui, à la Commission des Affaires étrangères, avait soutenu cette doctrine, la mît encore en lumière par un discours prononcé au Sénat le 13 décembre 1921.

Société des Nations

Assurons la paix par l'Arbitrage

La paix peut être assurée par l'organisation de la Société des Nations.

N'est-il pas sage, pour les peuples civilisés de préférer remettre la solution des difficultés qui peuvent s'élever entre eux à un arbitrage solennel et impartial plutôt qu'à l'aléa toujours sanglant et bien souvent injuste d'un conflit armé.

A la veille de l'armistice, dans les premiers jours de novembre 1918, se forma au Musée Social fondation du Marquis de Chambrun, oncle de notre député actuel, et ce, sous l'inspiration de M. Léon Bourgois, une grande Ligue dont le but était tout à la fois de rechercher sur quelles bases le Traité de Paix fonderait la Société des Nations et en même temps de faire connaître au Pays quels services celle-ci pouvait rendre.

Tous les partis, ou plutôt tous les français désireux d'éviter autant que possible, les guerres futures — furent appelés à cette Ligue. Pour bien en préciser le large esprit, M. de Las Cases en fut nommé vice-président, et à ce titre, siégea à côté de M. Millerand, alors simple député, et lui aussi, vice-président de cette Association.

Lors de la discussion du Traité de paix, M. de Las Cases fut nommé rapporteur de la partie de ce Traité qui organisait la Société des Nations.

En janvier 1920 eût lieu à la Sorbonne une séance solennelle présidée par M. Poincaré alors Président de la République.

M. de Las Cases fût appelé à y prendre la parole à côté d'hommes éminents comme M. Appel, doyen de la Faculté des Sciences et Mgr Roland Gosselin remplaçant le Cardinal de Paris. Nous donnons plus loin 3ᵉ partie la déclaration de notre Sénateur.

Société des Nations
Ses imperfections actuelles.

Comme toute création nouvelle, la Société des Nations a besoin pour remplir entièrement sa mission, de l'expérience du temps. Il lui faudra vaincre les préventions qui refusent de lui donner une force militaire, ou pour mieux dire, une sorte de gendarmerie qui permettra de faire exécuter ses verdicts.

Mais déjà, telle qu'elle est, elle a, notamment cette année, évité des conflits comme celui qui menaça récemment de mettre aux mains la Grèce et l'Italie.

Pas d'idéologie, toutefois et pas d'optimisme paresseux. Si nous voulons triompher à la Société des Nations, il faut savoir nous y défendre. Devant des juges, la meilleure cause a toujours besoin d'un bon avocat.

Nous avons en ce moment un bon avocat M. Poincaré et notre cause est excellente. Nous ne voulons que la Paix et les justes réparations qui nous sont dûes; Notre intérêt est celui de tous les peuples qui veulent en finir avec les craintes de guerre.

Ayons confiance mais ne nous endormons pas. Telle est l'opinion que M. de Las Cases a exprimé dans un article de revue dont nous dormons plus loin un court extrait.

QUESTIONS RELIGIEUSES

Lutte religieuse d'avant guerre.
Esprit nouveau

Dans les années qui ont précédé la guerre, la France a été divisée par une lutte religieuse dont nous voudrions effacer le souvenir de nos esprits.

Sous le nom d'anti-cléricalisme a sévi une véritable vague d'anti-catholicisme.

La Fraternité entre français née de la guerre a changé quelque chose. Depuis 1919, le Gouvernement, lui aussi, s'est modifié. Préfets et Evêques se rencontrent. Les fonctions publiques ne sont pas fermées à ceux qui ont conservé la foi des ancêtres. Le respect qui est dû à l'idée religieuse ne craint pas de se manifester dans les discours officiels. On ne divise plus les citoyens selon leurs pratiques religieuses. L'inquisition odieuse du régime combiste a cessé. Une accalmie s'est produite. Nous sommes heureux de le constater. La justice qui devrait régner dans les rapports entre l'Etat et l'Eglise est-elle pleinement satisfaite ?

Le dire serait trahir notre pensée.

Sur plusieurs points, nous avons, nous, catholiques, à soulever des objections et des réclamations que, non seulement le droit, mais le devoir nous impose. Examinons-les à trois points de vue :

1) Justice scolaire ;

2) Justice envers les Congrégations ;

3) Entente au point de vue des cultuelles entre l'Eglise et l'Etat.

I. — Question scolaire

L'ÉCOLE ET L'ÉTAT

L'Eglise a toujours été l'amie de l'instruction.

Le Christ, en quittant ses apôtres, ne leur a-t-il pas donné cette sublime mission.

Allez et enseignez toutes les Nations.

Ils n'y ont pas failli.

Quand, avec l'Empire Romain s'effondra la culture latine, qui donc recueillit précieusement l'étincelle de ses lettres, flambeau de l'humanité ?

L'Eglise.

Qui donc transforma les barbares envahisseurs en leur inculquant les notions civilisatrices des temps nouveaux ?

L'Eglise.

Qui donc, après avoir fondé les universités, les collèges, les académies d'où sortit le XVII° siècle et la grandeur intellectuelle de la France étendit son action jusques au peuple ?

L'Eglise.

Ceux qui comme certains vont clamant que le catholicisme est un ami de l'ignorance prouvent seulement leur propre ignorance ou leur mauvaise foi.

En France, les premiers éducateurs du peuple furent les Frères des écoles chrétiennes.

Les sarcasmes de Voltaire, écrivant à son ami Le Chalotais que « *pour le paysan l'aiguillon et la charrue suffisent* » ne les arrêtèrent pas.

L'Eglise n'a besoin, pour remplir sa divine mission, que de la liberté.

Quand Mirabeau offrit aux Frères des Ecoles chrétiennes le monopole de l'éducation populaire,

Ils refusèrent.

Quand Napoléon III offrit à Mgr Dupanloup pour l'Eglise le monopole de l'Université,

Il refusa.

Quand enfin la République proclama l'instruction obligatoire gratuite et laïque, les catholiques applaudirent aux deux premières parties du programme. Ils formulèrent sur la troisième d'indispensables réserves.

L'enfant appartient à son père avant tout.

La loi naturelle nous le crie.

La loi civile le confirme qui rend le père responsable des délits de son enfant.

Le père doit avoir la liberté de choisir le mode d'éducation qui formera le cœur et l'esprit de cet enfant. A qui on impose la responsabilité, il est juste d'accorder l'autorité.

Qui d'ailleurs est plus capable que le père français de savoir ce qui convient à ce petit être fait de son sang et de sa chair ; à ce petit être pour lequel ce père travaille, économise, use avec joie sa santé et sa vie.

Si le père est catholique, comment ne pas le blesser en lui disant ;

« Tu mettras ton fils dans une école où on ne lui parlera
« pas de sa religon, où on ne lui enseignera rien de ce qui fût
« l'bonneur et la dignité des siens ; l'étoile qui guide dans
« la nuit de la vie terrestre ».

Quelle tyrannie plus odieuse ?

Quelle atteinte plus cynique à la liberté de conscience.

Les martyrs sont morts pour faire triompher les droits de la conscience sur le droit de l'état païen, du Prince, comme disent les anciens historiens.

Quel recul de revenir à cette notion antique :

Chaque citoyen doit adorer les Dieux qu'adore le Prince

Quelle folie de penser faire ainsi l'union morale, quand sous nos gouvernements démocratiques, ce Prince et ces dieux, varient à toutes les générations.

Quand l'Etat en usurpant ce rôle, se figure agir dans son

intérêt, quelle erreur. Il assume une tâche irréalisable et dangereuse.

Qu'il laisse au père la direction morale de son enfant.

Qu'il lui fournisse par des subsides légitimes la possibilité de remplir son devoir quelle que soit la modicité de sa fortune.

Voilà la vérité.

Cette vérité n'est-elle pas en marche dans le monde entier.

. Les pays protestants, telles l'Angleterre et la Hollande, qui n'ouvraient hier leurs écoles qu'à des protestants, les ouvrent maintenant aux frais du Gouvernement, aussi aux écoles catholiques.

Le Traité de Versailles n'imposa-t-il pas aux nouveaux Etats nés de lui : Yougo-Slavie, Tchéco-Slovaquie, Pologne etc... de donner des maîtres de leur religion, aux minorités confessionnelles. Et la France resterait en arrière, sur cette voie du respect des consciences qu'elle fût la première à ouvrir.??

Elle ne saurait marcher de l'avant ligotée par un mot qui l'hynoptise : la laïcité intangible.

Comment...

Mais M. Poincaré affirmait avec raison dans ses derniers discours, que l'Alsace et la Lorraine ne seraient pas mises au régime de l'Ecole Neutre.

Mais la loi sur les Pupilles de la Nation accorde des bourses de l'Etat dans les écoles libres secondaires, supérieures ou primaires supérieures, aux enfants qui les méritent par leur capacité.

Hier, est-ce que l'Etat ne votait pas et ne dépensait pas, pour élever à Paris et en France une Eglise russe orthodoxe, des mosquées musulmanes et des temples boudhistes.

Comme tous les autres citoyens les catholiques français paient l'impôt -- Dieu sait s'il est onéreux -- et seuls nos pères de famille ne pourraient en recevoir une parcelle pour faire élever leurs enfants chrétiennement ?

Quelle étrange application de la règle d'Egalité inscrite sur tous nos monuments publics.

Quelle chinoiserie, quelle dérision.

L'union ne se fait pas dans la contrainte.

La paix religieuse ne s'obtient pas par la persécution.

Seule la justice relie les cœurs par un solide ciment.

Ces idées, M. de Las Cases les a pendant toute sa vie proclamées.

C'est pour les défendre que les catholiques lozériens l'ont élu il y a vingt ans.

Pas un jour, il n'a manqué à sa tâche.

Il a combattu éloquemment toutes les lois contraires à la liberté de l'enseignement.

Loi refusant aux congrégations le droit d'enseigner.

Atteintes portées ou projetées contre les Ecoles Libres.

Il a démontré que ne laisser pénétrer dans l'école publique aucune idée religieuse c'était en réalité enseigner aux enfants le matérialisme.

« En présence du Ciel il faut croire ou nier »
écrivait Musset.

Quand, au Parlement, on a proposé la représentation proportionnelle scolaire, notre sénateur n'a pas hésité à émettre un vote favorable.

La discussion peut s'ouvrir sur les moyens de faire de la liberté de l'enseignement primaire une réalité et non un fantôme.

Aucun chrétien, aucun esprit libre, aucun homme sans parti pris, aucune âme juste ne saurait s'incliner devant une législation qui, le principe proclamé, ne donne à ceux qui voudraient en user aucun moyen de le faire entrer dans la pratique.

FRÉQUENTATION SCOLAIRE

PRÉPARATION MILITAIRE DE LA JEUNESSE

M. de Las Cases n'a pas eu à traiter, dans ces quatre dernières années, la question scolaire au point de vue religieux. Mais, à propos d'un projet de loi sur la fréquentation scolaire, il a, avec succès d'ailleurs, défendu le père de famille contre un projet qui, en cas d'absence de l'enfant à l'école, se livrait à une inquisition inacceptable et édictait des pénalités excessives.

De même à propos de la préparation militaire de l'adolescent, il a fait remarquer combien certaines obligations que l'on voulait imposer à nos jeunes campagnards risquaient d'être inutiles et coûteuses.

Nous donnons plus loin (3ᵉ partie) les deux discours prononcés à cet égard par notre Sénateur.

II. — Justice envers les Congrégations

LES CONGRÉGATIONS RELIGIEUSES
ET LA LOI DES ASSOCIATIONS

La loi de 1901 a reconnu aux citoyens le droit de s'associer, mais elle a refusé ce droit aux Congrégations religieuses. Pourquoi cette différence? Seule, l'animosité contre l'idée catholique peut expliquer ce coup de poignard donné à l'égalité.

La loi cependant, accordait le droit au Gouvernement de reconnaître les congrégations qui demanderaient cette reconnaissance. Quand elles seraient autorisées la vie en commun ne constituerait plus, pour elles, un délit.

LA LOI INAPPLIQUÉE

M. Combes n'a guère, que nous sachions, appliqué cette partie de la loi. Nombre de nos religieux, pour obéir à leurs vœux ont dû abandonner la France. Quel était le crime de ces religieuses qui trouvaient dans leur foi la douceur de leur vie et la force d'affronter la mort. Quel crime avaient commis ces religieux qui se dévouaient aux pauvres, à l'enseignement des petits, aux œuvres charitables et sociales?

On a, à cette occasion, évoqué la rénovation de l'Edit de Nantes qui obligea tant de protestants à quitter la France. Nulle part, plus qu'en Lozère, on ne sentira ce que cette comparaison contient de vérité et de condamnation.

M. Poincaré a annoncé qu'il présenterait au Parlement un certain nombre de Congrégations dont il demanderait la reconnaissance. Les religieux et les religieuses qui ont consacré leur vie à soigner les malades dans les hôpitaux bénéficieraient de cette mesure. Elle s'étendrait aussi aux missionnaires qui vont faire connaître et aimer à l'étranger notre chère France.

Ces bons français, pionniers et défenseurs de notre bonne renommée, ont droit à tous nos respects et à toute notre reconnaissance. L'acte que propose M. le Président du Conseil l'honore. Il réjouira beaucoup de familles lozériennes.

Combien de nos foyers ont vu partir au loin un fils, une fille, un frère, une sœur bien-aimés. Combien de mères se sont demandé quel était leur crime pour priver leurs derniers jours et leur dernière heure de cet embrassement et de cette affection familiale, suprême douceur d'une vie terrestre qui s'envole.

Parmi les Congrégations dont M. de Las Cases souhaite le retour, se placent au premier rang les Frères des Ecoles chrétiennes.

LES FRÈRES DES ÉCOLES CHRÉTIENNES

Elève de ces Frères. Notre sénateur n'a pas oublié leur enseignement. Il se souvient de la supériorité et de l'art avec lequel ces maîtres incomparables avaient sû adapter leur éducation aux besoins de l'enfance française.

M. Poincaré et M. Millerand, ont l'un et l'autre déclaré

que, depuis la mort de Waldeck-Rousseau, l'intention de celui-ci avait été violée. Il voulait obliger les Associations à se faire connaître et autoriser. Il n'entendait pas les proscrire en bloc. N'est-ce pas le Président de la République qui, à Evreux, disait récemment :

« L'auteur de la loi du 1ᵉʳ juillet 1901, sur la liberté d'associa-
« tion, dont je m'honore d'avoir été l'ami et le collaborateur,
« a protesté, en toute occasion, que des associations légales
« il n'entendait nullement exclure les Congrégations dont
« l'utilité serait reconnue et l'autorisation décernée selon
« les formes prévues. Ce serait un audacieux défi à la vérité
« que de prétendre couvrir du nom de Waldeck-Rousseau
« je ne sais quel retour à un sectarisme qu'il a combattu
« jusqu'à sa mort. »

Ces paroles de M. Millerand doivent être réalisées. Elles ne peuvent l'être que si les Frères des Ecoles chrétiennes reviennent en France et avec le droit d'y enseigner.

Au lendemain de la Terreur et de la Révolution, quand un gouvernement réparateur voulût faire renaître les écoles qui, faute de maîtres, s'étaient fermées, on s'adressa aux Frères des Ecoles chrétiennes.

Pendant tout le 19ᵉ siècle, leur Institut ne fut pas seulement reconnu et autorisé, mais employé par l'Etat à donner dans grand nombre d'écoles primaires un enseignement très estimé.

Le projet de loi Chaumier, qui supprimait pour les Congrégations religieuses la liberté d'enseignement, ne visait que les « non autorisées ». Un amendement Delpech, en supprimant ces deux mots, les frappa toutes d'ostracisme.

M. Waldeck-Rousseau, déjà atteint mortellement de la maladie qui devait l'enlever quelques semaines après, n'hésita pas à monter à la tribune du Sénat pour combattre la disposition Delpech. Il montra ainsi combien elle était contraire à sa pensée.

Réaliser cette pensée en ouvrant à nos chers Frères le droit d'appeler dans leurs écoles les enfants catholiques, ce serait donc à la fois, faire un acte de justice dont tant de Lozériens, attachés par des liens de famille à ces excellents maîtres, se réjouiraient, et faire triompher après sa mort la protestation de Waldeck-Rousseau.

Rappelons que la loi Chaumier ayant donné lieu à une seconde lecture, au Sénat, en 1904, M. de Las Cases reprit, au nom des catholiques, la thèse qui fût le dernier acte politique de M. Waldech-Rousseau. Cette seconde fois comme la précédente, l'exclusion des Erères du droit d'enseigner ne fût votée qu'à une infime majorité.

III. — Entente au point de vue « Culte » entre l'Eglise et l'Etat

SÉPARATION DE LUTTE

La Séparation de l'Eglise et de l'Etat commence par un préambule qu'il est peut-être utile de rappeler :

La République française, y est-il dit, en substance, assure le libre exercice de tous les cultes.

MM. Poincaré et Millerand, dans leurs derniers discours, ne font que répéter cette déclaration. Le premier regrette d'abord, et avec raison, que la Séparation se soit produite au lendemain d'une rupture diplomatique avec le Saint-Siége. Un contrat signé à deux ne peut être rompu qu'après conversation à deux. Agir autrement, c'est risquer de rendre impossible, du moins pour longtemps, toute nouvelle entente.

Que la Papauté se soit refusée, dans ces conditions, à accepter ce qui avait été fait d'une façon anormale, nul homme de bon sens ne peut s'en étonner.

Quand on a reproché à Pie X de ne pas accepter les cultuelles, c'est M. Briand, lui-même qui déclare ce geste parfaitement légitime et irréprochable.

LES DIOCÉSAINES

En ce moment, entre la Papauté et le Gouvernement français, il est, paraît-il question d'une entente qui, sous la forme de « diocésaines » reconnaîtrait à l'Eglise selon l'expression de M. Poincaré certaines « facilités pour l'exercice du culte ».

Si un accord se réalise qui puisse constituer un progrès pour « la paix des consciences et l'union des esprits », nul plus que nous n'en serons heureux.

Si l'Eglise croit trouver là, au lieu d'une source de concorde une nouvelle occasion de difficultés et de heurts, nous nous inclinerons avec respect.

Aux deux parties actuellement en négociations de tomber d'accord.

Comme un notaire le fait pour donner à un acte entre particuliers, toute sa valeur, nous n'aurons alors qu'à authentiquer l'entente.

SITUATION FINANCIÈRE

Que notre France qui, pendant cinquante-deux mois, a soutenu la guerre la plus effroyable qu'ait connu l'Histoire ; qui a dû d'abord arrêter la ruée d'un ennemi ayant préparé soigneusement, haineusement, scientifiquement pendant quarante ans son invasion, et qui, ensuite, a dû renforcer son armement, s'assurer une aviation et une armée de chars d'assaut capable de refouler l'Allemagne, et tout cela pendant qu'un quart de son territoire, le plus industriel et le plus riche était envahi, — subisse une crise financière, qui donc peut s'en étonner.

Toute autre fortune que la fortune de la France eût sombré.

Elle est, elle, momentanément atteinte.

Il nous faut regarder les choses bien en face, sans optimisme et sans pessimisme.

Ni l'un ni l'autre ne sont de saison ni de raison.

Notre Dette est considérable. Les intérêts qu'elle exige absorbent une partie de notre Budget. En même temps, cette dette porte atteinte à notre crédit, hier le plus solide du monde.

Voilà la principale cause de la baisse subie par notre franc.

Le change nous est défavorable parce que nous n'offrons pas au monde par une encaisse en or et un budget en équilibre, l'idée que notre monnaie vaut aujourd'hui ce qu'elle valait avant-guerre.

La vie chère est la conséquence fatale de cette diminution de notre crédit. Nous avons trop de papier monnaie en circulation. De là, la baisse du franc et partant, la vie chère.

Les statistiques sont concluantes.

Quand un pays double sa monnaie par la création de papier mal gagé, il commet ce qu'on a appelé d'un mot nouveau : une inflation fiduciaire.

Que celle-ci soit doublée, la valeur l'unité monétaire du pays — chez nous le franc — sera diminuée de moitié. Mais le *coefficient de la vie chére sera quintuplé*.

C'est ce qui s'est passé depuis quatre ans à travers l'Europe d'une façon, mathématique et certaine, indiscutable.

Quand l'inflation fiduciaire, — j'allais dire cette nouvelle forme de la fausse monnaie, — comme en Russie et en Allemagne, ne connaît plus de borne, alors le pays s'effondre dans un cataclysme qui le conduit à l'abîme.

Le mal diagnostiqué, le remède en ressort évident.

Equilibrer les Finances d'abord.

Faire face aux dépenses par des recettes correspondantes.

Puis, ceci fait, montrer par un amortissement du capital dû, la puissance financière de la Nation.

Aussitôt, notre franc reprendra sa valeur.

Il faut dire peu à peu, car toute secousse trop rapide serait aussi redoutable financiérement qu'un tremblement de terre l'est physiquement.

Sans la stabilisation de notre monnaie, pas de contrat, pas de prévoyance, pas d'opérations financières, commerciales ou industrielles, sérieusement possibles.

Mais l'application du remède n'est pas aisée. Il faut faire au gaspillage sous quelque forme qu'il se produise, une guerre implacable.

Il faut demander au contribuable un effort proportionné à sa capacité et consciencieusement accompli.

Il faut développer les richesses auxquelles pourra puiser le budget, c'est-à-dire la fortune publique et privée.

Grâce au ciel, les ressources ne nous font pas défaut. Les colonies peuvent nous fournir des matières premières qui nous dispenseront d'aller les acheter à l'Etranger et qui, de plus, exportées par nous, rendront ce dernier, notre tributaire.

Le génie industriel et commerçant de la France demande

moins, pour se développer, la protection de l'Etat, que la liberté.

Notre sol, enfin, véritable jardin de la planète — pour employer l'heureuse expression de Clemenceau — possède sur sa terre la plus belle race de cultivateurs qui soit au monde.

Travail, économie, patriotique dévouement de tous. Voilà le salut.

Telles sont les idées que M. de Las Cases a maintes fois développées, soit au Sénat dans les Commissions, soit au Conseil général dans les discours qu'il y a prononcés.

C'est, en effet, une habitude, que le Président d'un Conseil traite les grandes questions à l'ordre du jour et y exprime avec ses idées, celles du département qu'il représente.

Il y a là comme une vieille tradition, celle des Cahiers que, sous l'ancien régime, les provinces faisaient parvenir au Pouvoir central pour l'éclairer et au besoin pour lui faire connaître leurs doléances.

Nous donnons, plus loin, quelques extraits de ces discours.

L'Angleterre a appliqué les principes ci-dessus. Il lui a fallu, il est vrai, pour cela, recourir à une Commission dont la majorité, prise en dehors du Parlement, sût ne pas subordonner l'intérêt public à l'intérêt électoral.

Aujourd'hui, elle a presque amorti sa dette et son budget se boucle en excédent.

Ne nous laissons pas, d'ailleurs, entraîner à la désespérance.

Le travail repris partout, les plus-values toujours montantes de notre Budget, la rentrée, meilleure chaque jour, de nos impôts, le relèvement de nos régions saccagées, tout cela montre au monde, et doit nous montrer à nous-mêmes, sans fausse modestie, la grandeur de notre effort.

La France a toujours été le pays qui a su le mieux renaître de ses ruines.

Après chaque défaite, elle s'est redressée.

Comment douterions-nous de sa renaissance après notre victoire.

LES DETTES RUSSES

Et la dette de la Russie envers la France ?

Elle se lie intimement à notre question financière.

Si la Russie nous rendait les quatorze milliards que nous lui avons prêtés, ou du moins si elle nous en payait les intérêts, ce serait au taux d'émission plusieurs centaines de millions qui rentreraient, chaque année, dans la bourse des contribuables. Or, celle-ci est la source qui alimente le budget.

Que de malaises d'ailleurs cette faillite cause à tous nos petits rentiers qui, sur l'invite du Gouvernement français, avaient prêté à la Russie des ressources indispensables à leur existence.

M. de Las Cases s'est toujours préoccupé de cette question. Lui aussi avait répondu à l'appel patriotique qui poussait les économies françaises vers l'Emprunt russe. Nous l'avons entendu, de ce chef, à l'Office National des Pupilles de la Nation, dire, avec ce sourire qui lui est particulier, aux Mutilés qui venaient d'y arriver, j'ai bien envie de vous traiter de camarades, si vous me le permettez, car, si je n'ai pas la fierté d'avoir été, comme vous, diminué, dans ma chair et ma santé, je l'ai été dans ma fortune.

Grâce aux bolchevistes, je suis un peu, moi aussi, un mutilé de la guerre.

N'est-ce pas avec les milliards sortis de nos bourses que les Russes ont pu améliorer leurs moyens de transport, reconstituer leur armée après la guerre chinoise et immobiliser en Prusse Orientale deux millions de soldats allemands.

Que ceux-ci eussent été jetés sur la Marne en septembre 1914, et qui pourrait dire si le destin du monde n'aurait pas été changé

Le créancier russe a donc contribué, lui aussi, à la victoire.

Le Gouvernement français l'avait jugé ainsi, qui, pendant la guerre, a pris à sa charge le paiement des coupons de notre allié d'alors.

Aujourd'hui, on projette, dit-on, de reprendre ces versements, au moins pour les porteurs âgés de soixante ans et non inscrits à l'impôt sur le revenu.

Est ce réalisable ? Ne va-t-on pas se heurter à la possibilité de fraudes multiples et à l'état de nos finances.

En tous cas, rien ne peut nous dispenser de chercher le meilleur moyen de faire payer la Russie.

Tant que le bolchevisme y régnera nous pouvons être certains que ce rêve ne se réalisera pas. Le premier devoir est donc de s'abstenir de tout ce qui pourrait apporter un appui moral ou matériel aux tyrans de la Russie.

Quiconque agit autrement trahit les intérêts français.

En 1921, M. Lloyd Georges s'est fait l'intermédiaire des Soviets auprès du Cabinet Briand. Cet honnête courtier nous proposait :

1° La reconnaissance du gouvernement bolcheviste.

2° La reconnaissance d'une dette à son égard de plusieurs dizaines de milliards réclamée comme indemnité pour l'aide que nous aurions apportée au Tsarisme.

3° Envoi aux Messieurs de Moscou d'un nombre de milliards français, soi-disant pour la reconstitution économique de la Russie, en réalité pour permettre aux Soviets de durer.

A cette triple condition on nous faisait miroiter pour, dans un quart de siècle, le paiement des coupons.

M. Briand répondit à cette proposition dérisoire avec le dédain qu'il convenait.

Un débiteur n'a pas à poser de conditions à son créancier, il n'a qu'à rembourser.

Les politiciens voyageurs à qui l'on n'a montré qu'une façade camouflée peuvent sous prétexte d'affaires, proposer je ne sais quels rapports commerciaux avec la Russie. Que celle-ci dralue quelques millions ou milliards à la France, loin de servir à nos porteurs de titres russes ils ne feront qu'augmenter le chiffre de nos pertes. Des tels placements nous paraissent plus qu'aventureux.

Tel est bien l'avis du Président des Etats-Unis. Il s'est refusé, dans son message à la reprise de rapports avec des gens qui foulaient aux pieds toutes les lois humaines des pays civilisés.

Les nations comme le Japon qui avaient été moins prudents, ont dû reconnaître leur erreur.

Ne tombons pas dans la même faute, prenons garde aux mauvais bergers.

BUDGETS LOCAUX

De 1920 à mai 1922, M. de Las Cases a fait partie du Conseil général. Il doit à tous ceux qui furent ses collègues une grande reconnaissance et il tient à la leur exprimer ici, pour l'amitié qu'ils lui ont témoignée en le nommant pendant près de 1½ ans, leur Président.

Il doit constater la bonne entente, qui a toujours régnée entre les élus du département quand il s'est agi de défendre les intérêts de celui-ci.

Les finances d'abord, qui, pendant presque toute la guerre, ont pu suffire sans augmeutation d'impôts à nos nombreux services.

La viabilité qui, sans doute, a eu beaucoup à souffrir des

évènements de 1914 à 1919, mais pour laquelle tout ce qui a été possible de faire a été fait.

Les œuvres d'assistance médicale gratuite etc... ont toujours trouvé auprès des élus départementaux un accueil plein d'affection, de tendresse, de générosité.

Les moyens de communication ont été améliorés par les progrès du régime postal du réseau télégraphique et du réseau téléphonique. Il reste beaucoup à faire, sans doute, mais déjà beaucoup a été fait.

Enfin, si la guerre n'avait pas éclaté, le projet d'un chemin de fer reliant Le Rozier, Meyrueis, Florac à l'Aveyron par Aguessac, serait aujourd'hui réalisé.

Nos voies ferrées sont encore insuffisantes. Toutefois dans une certaine mesure, cette lacune a été comblée par des services d'autobus dont le Conseil général a eu l'imitiative et qui facilitent aujourd'hui la circulation.

Mais un gros problème se pose qui, dès 1920 a attiré l'attention du Conseil général.

Les finances départementales s'alimentent surtout par les centimes additionnels. Et ces centimes additionnels pèsent principalement sur la propriété foncière.

Noùs ne pouvons pas augmenter nos impôts départementaux, sans charger d'une façon dangereuse un pays qui, comme le nôtre n'est pas riche et dont le centime est peu productif. Force donc à l'Etat qui, lui, peut trouver dans d'autres ressources une plus juste et plus large matière imposable, de nous venir en aide.

Cette aide de l'Etat aux départements a toujours été regardée en France comme acte de solidarité nationale.

A maintes reprises, Monsieur de Las Cases a traité cette question, soit au Conseil général, dans les discours qu'il est d'usage de prononcer à chaque ouverture de session, soit auprès des ministères compétents auxquels il a signalé une situation entre toutes, digne de sympathie, soit enfin au Sénat lui-même.

Voici d'ailleurs la pensée de M. de Las Cases telle qu'il l'a exprimée au Sénat le 30 décembre 1920 et au Conseil général.

3ᵉ *Séance du 3o Décembre 1920.* — *Sénat*

M. DE LAS CASES. — Mes chers collègues, si je monte à la Tribune c'est pour me faire entendre de vous tous *(très bien!)*, mais pas du tout pour prononcer un discours. Ce n'est pas que la question ne soit des plus importantes ; si elle n'avait pas ce caractère, ce n'est pas à cette heure que j'en parlerais. Mais je comprends à merveille que ce soir il ne faut guère employer que le style télégraphique. *(Sourires).*

Je viens, messieurs, demander au Gouvernement ou à la Commission des finances des apaisements sur une des questions les plus pressantes et les plus angoissantes que se posent en ce moment tous ceux qui font partie d'un Conseil Général: Comment pouvons-nous, comment pourrons-nous équilibrer nos finances départementales ?

La détresse budgétaire des Départements pauvres

Je viens, spécialement défendre les intérêts des départements pauvres, et j'ai bien le droit de le faire car la Lozère est un département dans lequel la densité de la population n'atteint pas plus de trois habitants par deux kilomètres carrés, et le centime départemental représente 8.000 francs.

Comment pouvons-nous arriver, dans ces conditions, à boucler notre budget départemental?

Avant la guerre, à force de sagesse, à force de prudence, j'allais dire à force de parcimonie, nous arrivions à nous en tirer avec 80 centimes additionnels. Aujourd'hui, nous sommes tombés à 150, 180, 200 et 250 centimes.

Il y a là une situation pour nous extrêmement difficile. Je ne crois pas qu'il y ait, et je n'ai pas trouvé dans les notes qui m'ont été données par le ministère de l'Intérieur, de département dépassant 300 ou 350 centimes.

Si vous acceptez, ce qui est vrai, que notre centime de base est tellement mal calculé que deux de nos centimes lozériens équivalent à trois centimes des autres départements, le résultat est que, lorsque nous aurons demain — car nous n'avons pas fini, nous avons encore à nous occuper, et ce sera une grosse dépense pour nous, des retraites de nos fonctionnaires — quand donc, dis-je, nous aurons demain à réaliser ces retraites, nous atteindrons 400 centimes additionnels. Dans un pays comme le nôtre, une telle charge supportée par la propriété terrienne, par le petit propriétaire terrien, c'est la ruine, c'est même l'impossibilité d'arriver à lever cet impôt.

Impôt foncier frappant l'agriculteur
Son taux excessif

J'ai fait un sondage autour de moi : j'ai demandé aux petits propriétaires, qui louaient leurs propriétés, le chiffre de leurs impôts :

Un propriétaire qui loue ses terres 10.000 fr., paye comme contribution, dans ma région, de 30 à 40 et même 50 % non pas de la valeur locative de sa propriété, mais de son revenu net, tandis que le capitaliste paye 10 pour cent. Voilà l'égalité !

Cette situation a ému le conseil général qui, après une discussion des plus angoissantes, a émis le vœu suivant :

« Le Conseil Général, à l'unanimité émet le vœu que le
« fonds commun à provenir de l'impôt sur le chiffre
« d'affaires soit réparti conformément à la tradition répu-
« blicaine, notamment à la loi de 1880 sur les chemins
« vicinaux « en ayant égard aux besoins, aux ressources
« et aux sacrifices des départements et des communes »,

« ou, tout au moins, conformément à la loi sur l'assis-
« tance médicale gratuite en raison inverse du centime
« départemental. »

« Il estime qu'il est de son devoir d'affirmer, avec une
« indicible tristesse, sans se départir en rien de son res-
« pect, de son amour pour la grande Patrie et de la
« confiance qu'il ne cesse d'avoir en elle, que, s'il n'est
« pas pris des mesures immédiates de justice réparative
« fiscale, le département de la Lozère sera hors d'état de
« faire face à ses besoins les plus essentiels et qu'il n'y
« aura plus qu'à envisager sa disparition en tant qu'unité
« administrative autonome. »

Le vrai remède

Quel est le remède? C'est le fonds commun. Le fonds
commun est issu d'une doctrine qui n'est pas d'hier. Il a
été institué lors de la Convention. Depuis, le Consulat,
l'Empire, la Monarchie, la République l'ont conservé et
l'ont augmenté. Je viens vous demander, avec le Conseil
Général de la Lozère, d'apporter par le fonds commun,
un remède et une satisfaction aux pays les plus pauvres.

Le fonds commun, c'est la mise en pratique, de département à département, de ce principe de fraternité et de
solidarité qui est à la base de nos lois, de nos institutions
et de notre droit public. (*Très bien*). Aujourd'hui, quel
est le système employé ?

On a décidé la répartition par tête. Je la comprends au
besoin en tant que solution très simple et en même temps
provisoire. Mais elle n'est pas la justice, elle n'est pas
l'égalité; elle est le contraire. C'est l'Etat, devenant, si je
puis m'exprimer ainsi, le grand frère généreux pour les
départements riches.

La vraie solution, c'est de tenir compte à la fois des
ressources, des besoins, de l'effort des départements, et
de les aider en raison inverse du centime départemental.

Il faudrait du temps pour développer cette idée.

Tous nos collègues, ici, sont au courant de cette question. Je l'indique trop rapidement et trop insuffisamment ; je m'en excuse ; mais je vous demande encore une fois de nous promettre que, quand vous ferez, et ce le plus rapidement possible, la loi destinée à fixer les ressources auxquelles pourrait puiser le Budget départemental, de vous inspirer de cette idée républicaine, qui est celle de toutes nos autres lois: venir au secours des départements, d'autant plus largement qu'ils sont plus pauvres et plus intéressants. (*Très bien ! et applaudissements*).

M. LE RAPPORTEUR GÉNÉRAL DE LA COMMISSION DES FINANCES. — Je demande la parole.

M. LE PRÉSIDENT. — La parole est à M. le Rapporteur Général.

M. LE RAPPORTEUR GÉNÉRAL DE LA COMMISSION DES FINANCES. — En appelant l'attention du Sénat et celle du Gouvernement sur la situation de nos budgets départementaux, l'honorable M. de Las Cases a exprimé un sentiment qui nous est commun à tous. Je me borne à dire que des projets ont été préparés pour pourvoir les départements de nouvelles ressources. Ils ont été étudiés par une commission qui a siégé au Ministère de l'Intérieur. Ce que nous devons demander, c'est que ces projets, soumis à la Chambre, soient discutés par elle le plus tôt possible, de façon que nous soyons saisis, sans délai ; de l'ensemble du problème.

. . . .

. . . .

QUESTIONS AGRICOLES

La France est, avant tout, un pays agricole. Là est la source féconde et sûre de son relèvement financier. Le mot de M. Chéron, Ministre de l'Agriculture: « Le blé sauvera le franc », n'a été si applaudi, que parce qu'il est la vérité.

Avant tout une politique agricole s'impose. Il faut protéger la terre contre l'usure. C'est dans ce but que M. de Las Cases, Membre de la Commission du Bien Familial, a fait voter une loi qui rend ce bien insaisissable par le créancier, comme est d'ailleurs insaisissable, d'après nos lois, l'instrument du travail de l'ouvrier.

Il faut apporter au cultivateur qui en a besoin, le Crédit nécessaire pour améliorer son matériel, donner plus d'étendue à sa culture, mieux charger ses montagnes, mieux fumer ses champs, mieux arroser et drainer ses prairies, où élargir ses bâtiments s'ils deviennent trop étroits.

Il faut que ce crédit qu'on lui ouvre ne demande pour intérêts et amortissement qu'une faible subvention. Il laissera ainsi une large et juste part à la laborieuse initiative de l'emprunteur.

Il faut enfin, et surtout, que le cultivateur trouve dans la vente de ses produits, un prix rémunérateur.

Qu'il ne compte pas trop pour atteindre ce but, sur des lois contre la spéculation illicite. Elles partent, ces lois, d'un bon naturel. Mais elles sont trop souvent inexécutées parce qu'inexécutables.

La Convention et le Directoire qui ont eu recours à ces moyens par les lois du Maximum ont échoué.

Mais l'association par les syndicats agricoles peut, aujourd'hui, fixer les prix, Mieux que tout autre, ces organismes feront entendre raison aux spéculateurs cupides.

Il accordera, et c'est justice, aux commerçants raisonnables un juste bénéfice, mais il leur empêchera d'oublier que, qui produit la richesse, a, sur celle-ci, un droit au moins égal, sinon supérieur à celui qui se borne à la transmettre.

Membre du Groupe Agricole, Monsieur de Las Cases, depuis vingt ans, n'a cessé de défendre au Sénat toutes les lois favorables à l'agriculture.

En faveur de ses chers Lozériens, il est souvent intervenu avec succès, soit dans la confection de la législation agricole soit dans la mise a exécution de celle-ci.

Il a eu sa part large dans le code des lois de cette nature :

Loi du 12 avril 1906, habitations à bon marché modifiée en 1912 et 1919.

Loi du 10 avril 1908, acession à la petite propriété.

Loi du 12 juillet 1909, sur le bien familial insaisissable.

Loi du 11 février 1914, sur le crédit immobilier pour acquisition de la petite propriété.

Loi du 5 août 1920, sur le crédit Mutuel et les coopératives agricoles, etc., etc.

Le bon roi Henri IV voulait que tout paysan le dimanche, pût manger sa poule au pot.

Quand tout paysan pourra par son travail et le crédit qui lui sera offert posséder son foyer bien à lui où il vivra avec sa famille, heureux et libre, la France n'aura plus à redouter les révolutions sanglantes, stupides accumulatrices de détresse et non de bien-être.

Ce n'est pas en supprimant la propriété privée qu'on fera le bonheur du genre humain.

C'est en l'ouvrant à tous ceux qui, par leur labeur et leur sagesse, en sont dignes.

Plus ceux-ci deviendront nombreux, plus la digue contre le flot bolcheviste sera haute et puissante.

Si, au Parlement, Monsieur de Las Cases s'est toujours montré l'ami des agriculteurs, aura-t-il le droit, sans autre préoccupation que la vérité, de dire qu'autour de lui, l'action des siens s'est toujours efforcée de réaliser ce que la loi ou l'initiative privée permettait.

QUESTIONS SOCIALES

« Dans les questions sociales touchant, soit le Travail,
« l'Hygiène, l'Assistance, les assurances, soit le sort des
« anciens combattants, que nous n'entendons pas négliger, le
« gouvernement estime que le Champ du progrés démocra-
« tique est encore indéfini et qu'il n'est pas de réforme dont
« la hardiesse doive nous enrayer. »

Cette déclaration faite par M. Poincaré au mois de Juin
dernier, exprime d'une façon très nette autant que concise,
les idées de M. de Las Cases au matière économique et
sociale.

A côté de MM. de Mun, Piou, Keller, Lacour Grand-
maison, notre Sénateur a toujours pensé que le meilleur
usage qu'il put faire de son mandat était de favoriser le
sort des travailleurs.

C'est ainsi qu'il s'honore d'être intervenu non sans succés
dans les lois sur le Repos hebdomadaire, sur les Subventions
à accorder aux femmes en couches, sur la Limite d'heure de
travail pour les enfants et même pour les adultes dans certains cas.

C'est ainsi qu'on l'a trouvé toujours, au Sénat, au premier
rang des orateurs inscrits pour les lois de Prévoyance qui,
de jour en jour, se font plus pressantes et plus nécessaires.

Le rôle qu'il a joué à ce point de vue lui a valu d'avoir
été nommé par le Ministère il y a cinq ans et d'avoir toujours été maintenu depuis, au Comité Supérieur d'Hygiène
et de Travail. Ce comité se réunit chaque semaine.

Ses délibérations préparent la plupart des grandes lois
sociales.

Dans ces réunions, Monsieur de Las Cases s'est toujours
inspiré, à la fois, de l'intérét matériel mais aussi de l'intérêt moral.

Comme le constatait récemment à Evreux M. Millerand,

il faut à un peuple un idéal. Son bonheur et sa grandeur en dépendent.

Il faut donc chercher le progrès social non dans la lutte des classes, mais dans leur entente. La haine n'est pas créatrice. Entre employés et employeurs, il faut s'efforcer d'établir la confiance et l'union.

Pour l'homme comme pour les collectivités un haut idéal de vie est à la fois un encouragement, une directive, une récompense.

Dans la succession des siècles, chacun de nous est un simple anneau qui relie les générations qui l'ont précédé à celles qui suivront. Son devoir est comme l'ont fait ses pères d'élargir le patrimoine matériel et moral que ceux-ci lui ont laissé.

Quant à son lit de mort, l'homme se juge d'abord lui-même, sa grande consolation n'est-elle pas de se dire qu'il a dans son existence cherché à mettre dans l'Humanité un peu plus de justice et de douceur.

Encyclique sur la condition des ouvriers

Ces idées sont magistralement résumées dans l'Encyclique Rerum Novarum, véritable code du travail, qui a valu au grand Léon XIII même de son vivant, le titre de Pape des ouvriers. Elle est l'éclatante lumière qui doit diriger les amis du peuple et inspirer aux législateurs, une législation aussi sage que généreuse.

Les lois votées au Sénat et auxquelles Mr de Las Cases a participé, sont connues et ont été mises en pratique en Lozère.

Offices agricoles ;

Adduction d'eau potable ;

Caisses locales et régionales de crédit ;

Syndicats agricoles, consultations de nourrissons etc.

Elles se prolongent et s'étendent chaque jour, grâce à l'initiative privée et au concours des bonnes volontés.

LA FAMILLE ET LA LOI

Dans la brochure que M⁣ de Las Cases a envoyé à ses Electeurs, en 1919, il se plaignait que l'Etat n'eût presque rien fait dans l'intérêt de la famille. Il constatait que, soit dans nos lois civiles, soit dans nos lois économiques, on n'avait en vue que l'intérêt individuel.

Or, les yeux se sont ouverts.

Tant vaut la famille, tant vaut la nation.

C'est la famille et non l'individu qui est la vraie cellule sociale. C'est donc la famille et son intérêt qui doit toujours inspirer la loi.

Ce sera l'honneur des Chambres, issues de la consultation de 1919, d'avoir inauguré ce que l'on appelle la politique familiale.

Allègement aux impôts en faveur des familles nombreuses.

Accession des dites familles à la petite propriété rurale.

Service militaire réduit à un an pour les familles nombreuses.

Réduction de tarif pour les chemins de fer et établissements thermaux.

Gratuité d'internat, aide nationale, bourses scolaires, etc. etc.

Autant d'économies accordées très justement à des citoyens qui rendent, grâce à leur foyer fécond, un si grand service à l'Etat.

D'autres mesures ont été prises qui tendent à améliorer justement leur sort.

Salaires et traitements des fonctionnaires, élevés, en faveur des chefs de familles nombreuses.

Mise à la retraite plus tardive pour ceux-ci.

Pensions majorées et emplois réservés pour les mêmes.

Enfin, d'autre mesures sont en préparation:

Sursalaire familial et loi sur les assurances sociales etc.

Pour que cette politique familiale soit continuée et qu'elle reçoive le sage développement nécessaire, une loi excellente serait le vote familial.

Le vote familial est un acte de justice et aussi de sagesse.

De justice, car en quoi celle-ci serait-t-elle violée si le père de famille qui a élevé trois, quatre, cinq, six enfants, avec tendresse mais aussi au prix de réels sacrifices, avait dans la direction des affaires publiques autant de voix qu'il donne de soldats à la Patrie, d'épouses aux futurs foyers, de travailleurs à la prospérité nationale.

De sagesse : Car, pour être un électeur conscient, il faut chercher dans le choix de ses élus, des hommes qui ont le sentiment du travail, de l'économie, de la prévoyance, de l'autorité et de la bonté.

Quelle meilleure école pour acquérir ces vertus, sinon la maison de famille.

Le père y travaille pour assurer le pain quotidien, économise pour faciliter l'avenir d'êtres bien aimés, met de côté le superflu ou s'assure en prévision des cas fortuits pouvant le frapper, se souvient que sans l'autorité paternelle toute maison divisée périra; estime aussi que cette autorité pour être acceptée doit être aimée, par conséquent, joindre à la fermeté indispensable, la bonté affectueuse plus indispensable encore.

Voulez-vous être certain de créer un bon électeur, un bon citoyen? Adressez-vous à un bon père de famille.

C'est dans cette pensée que, dès 1919, M. de Las Cases soumettait au Sénat une proposition de la loi en faveur du Vote Familial.

Depuis de nombreuses années la justice et la bienfaisance de cette réforme se propage chaque jour, plus désirée. On peut prévoir l'heure où elle aura raison d'une routine aveugle et vieillote.

N. B.— Au moment où nous imprimions ces lignes la

Chambre des Députés votait par 440 voix contre 195 la Proposition Roulleaux-Dugage. Celle-ci est identique au Projet déposé en 1919 au Sénat.

L'ŒUVRE DES " RUCHES "
Maisons de famille créées à Paris pour jeunes Filles
présentée au Cardinal de Paris par M. de Las Cases

Nous est-il permis ici, et ce, uniquement pour faire connaître une institution qui peut être fort utile à nos jeunes lozériennes établies à Paris, une œuvre fondée par Mgr Amette, dirigée par les sœurs de St-Vincent de Paul et dont M. de Las Cases a été nommé président par notre regretté Archevêque.

Quant, au Cardinal Amette succéda le Cardinal Dubois, l'œuvre des « Ruches » fût présentée à celui-ci par son Président qui, en quelques mots, lui indiqua le but de l'œuvre, son utilité et son développement.

Eminence,

J'ai l'honneur de vous présenter les Ruches. Cette œuvre avait été inaugurée par son Eminence le Cardinal Amette et il m'avait fait l'honneur de me demander de présider le Conseil de patronage de l'œuvre. Elle est de celles qui ne peuvent laisser aucun français indifférent.

Quel est son but? Etablir dans Paris un certain nombre de maisons de famille pour les jeunes filles isolées, c'est-à-dire pour les parisiennes sans parents ou pour les provinciales qui ont quitté leur chaumière pour venir trouver à Paris une occupation qu'elles espèrent plus lucrative.

L'histoire du petit Poucet, qui a charmé notre enfance, se reproduit au 20e siècle, comme au 18e; le bûcheron qui s'appelle aujourd'hui métayer, ouvrier agricole, vigneron, etc., quand la famille est trop nombreuse et la huche trop vide, voit la nécessité d'envoyer ailleurs une partie de ses enfants. Sans doute, il a été créé dans quelques provinces dont la Lozère, des œuvres dont les efforts tendent à lutter contre l'émigration des campagnes. Quelquefois, hélas, les circonstances ne permettent pas à la jeune fille de rester. Alors, la jeune fille part, une larme dans un œil, un sourire dans l'autre, car elle se figure que Paris va lui apporter la fortune. Mais sa désillusion est prompte.

La prendre alors par la main et lui apporter à la fois un secours moral et matériel tel est le but des Ruches.

Dans de grandes maisons, souvent entourées d'arbres et de parcs, la jeune fille va rencontrer à la fois l'amitié et le bien-être.

Je me figure que les cœurs de jeunes filles sont un peu comme les cœurs de jeunes gens et qu'à 18 ans, une âme sœur qui a les mêmes pensées, le même idéal, le même désir de vivre, honnête, traditionnel, religieux, est un besoin. Quand nous étions sur les bancs du collège, nous relisions avec amour le De amicitia de Cicéron. L'amitié, est chose très douce et c'est encore un rayon privilégié de la jeunesse.

Dans les Ruches, les jeunes filles trouvent justement ces compagnes. Elles ne leur feront pas oublier, certes, la vie de famille, mais elles la leur rappelleront; elles y trouveront aussi des directrices sur qui elles pourront appuyer leurs épaules et peut-être, en cas de besoin, sécher leurs larmes, car les Ruches sont dirigées par les Sœurs de St-Vincent de Paul.

Ces admirables femmes comprennent les jeunes filles, elles les aiment, elles ont ce je ne sais quoi de franc, de résolu, d'un peu officier, qui plaît à la jeunesse. Les jeunes filles qui sont là, savent que parmi ces Sœurs il n'en existe aucune, pour lesquelles être religieuse est un métier, que pour toutes c'est une vocation. Pour plusieurs, c'est par besoin de se dévouer qu'elles ont abandonné les situations les plus enviables, le luxe, le bien-être, la vie fastueuse. Elles ont préféré le costume de servante des pauvres à tous les autres.

J'ai lu et relu, avant la guerre un livre de M. d'Haussonville bien poignant. « Salaires et miseres de femmes ». Quel tableau que celui où il nous montre la jeune ouvrière de la couture « la petite main » avec son maigre salaire n'ayant pas toujours de quoi manger à sa faim.

J'espère qu'à l'heure actuelle, notre civilisation n'a plus tout à fait cette rudesse pour la jeune fille, j'espère que les salaires se sont assez élevés pour qu'elles puisse vivre sans être obligée de sacrifier sa pudeur et sa dignité.

Et, tout de même, malgré les salaires élevés, l'existence est dure à Paris, lorsqu'on est seule. Elle devient beaucoup plus facile lorsqu'on est en famille.

Une jeune fille qui gagne 300 francs à 400 francs se rencontre fréquemment. Avec 10 francs par jour c'était l'opulence avant la guerre, maintenant c'est presque la misère.

Mais que pour 150, 200 francs au plus, on ait son petit déjeuner, son grand déjeuner, son souper que l'on trouve aussi un lit, une chambre, un parloir et quelquefois un salon, il restera encore 200 francs pour les autres dépenses. Et quand on songe que les Sœurs pensent à tout et qu'on emploie le samedi de la semaine anglaise à faire de ces jeunes filles de bonnes ménagères, en l'employant au lessivage et aux pures joies du raccommodage, il faut reconnaître que l'œuvre a du bon.

Mais comment, me direz-vous, vivent les Ruches. Eminence, l'œuvre a déjà créé trois ruches qui fonctionnent et qui contiennent de 150 à 200 jeunes filles.

Ce n'est qu'un début, tout cela s'élargira encore. Suffira-t-on à couvrir les frais, ou sera-t-on obligé d'y ajouter quelques chose? Subsidier les œuvres qui se fondent et leur permettre de passer les premiers jours, c'est ce qu'on peut faire de plus utile.

Mais ici, je suis persuadé qu'il y a fort peu de choses à faire; il existe une main inconnue, comme une intelligence aussi très connue, qui pourvoit à tout.

Puisque la Sœur Boisseau n'est pas ici, laissez-moi vous laisser deviner, Eminence, sans le prononcer, le nom de celle qui est la fée ou mieux le bon ange des Ruches.

Nous vous demandons, Eminence, de donner votre bénédiction à cette très intéressante association, elle apporte son concours affectueux à des jeunes françaises dignes de toute notre sympathie; elle donne aux jeunes filles le calme, la tranquillité et elle prépare à la France, de bonnes ouvrières en attendant qu'elles deviennent d'excellentes mères de famille.

La famille française, voilà la véritable armature de notre pays, les Ruches en jettent les bases, et à ce titre encore, elles méritent qu'on ne les laisse pas s'éteindre.

Nota.— A l'heure actuelle, décembre 1923, l'espérance de M. de Las Cases est devenue réalité. Il existe 7 ruches pour jeunes filles à Paris.

LOIS DE RECONNAISSANCE

A côté des lois de Prévoyance, il y en a d'autres qui sont les lois de *reconnaissance*.

Nous ne pouvons oublier ce que nous devons aux Combattants, aux Mutilés, aux enfants, aux veuves, aux ascendants des victimes de la guerre.

Pupilles de la Nation

Dans cette pensée nos Parlements ont déclaré la France tutrice volontaire de tous les enfants de nos morts et de nos grands Mutilés. Nos lois ont institué des allocations, des pensions, des aides multiples en leur faveur.

M. de Las Cases a joué un rôle important lors de la discussion de la loi sur les pupilles de la Nation.

Il a donné dans sa brochure de 1919 quelques-unes de ses interventions à la Tribune.

Le Sénat qui d'après la loi sur les pupilles de la Nation doit être représenté à l'office national par trois sénateurs nommés par lui a fait à Monsieur de Las Cases l'honneur de le nommer Membre du Conseil supérieur des pupilles de la Nation.

A deux reprises différentes depuis, le même Sénat lui a, à l'unanimité, renouvelé ce mandat. Il constatait ainsi l'assiduité de notre Sénateur aux sessions de cet important organisme, la façon dont il y avait soutenu les intérêts qui lui étaient confiés et fait triompher toutes les fois que cela a été nécessaire, la pensée directrice de la loi, pensée généreuse s'élevant libéralement au-dessus de toutes nos divisions soit politiques, soit confessionnelles.

Accession des Mutilés, Veuves et Ascendants
à l'Office National
des Pupilles de la Nation

La loi primitive n'avait pû donner aux Mutilés, la part qui leur revenait dans la nomination de l'Office National.

Elle avait dû attendre l'organisation des Mutilés en Association pour leur attribuer ainsi qu'aux veuves et ascendants, une juste part dans la composition de cet Office.

Membre de la Commission des Pupilles au Sénat, M. de Las Cases a, d'accord avec son Président l'honorable M. Flandin, dont la mort a été une perte pour le Parlement, mis sur pied les articles qui comblaient ces lacunes.

AMBASSADE DU VATICAN

DISCOURS

PRONONCÉ PAR

Monsieur de LAS CASES

Sénateur

à la séance du Sénat du mardi 13 décembre 1921

La pacification religieuse

Le discours de M. Weiller, celui de mon ami M. Jenouvrier et celui de M. le Président du Conseil ont apporté de précieux renseignements. Je me garderai bien de rester sur le terrain où ils se sont placés et d'où, évidemment, je n'aurais rien à dire qui puisse vous intéresser ; je traiterai le sujet d'un autre point de vue.

Dans le discours de M. Héry, j'ai été frappé par cette phrase : « Je veux la pacification religieuse. » C'est le seul mot que j'en aie pu applaudir ; aussi l'ai-je fait largement.

La pacification religieuse est également le but que je me suis proposé durant toute ma vie ; c'est celui que je me propose encore aujourd'hui en montant à la tribune. Je me demande, messieurs, si, de cette pacification, la reprise des négociations avec la papauté n'est pas comme un préliminaire et comme un gage.

Je pense que tous les catholiques et un grand nombre même de Français qui ne sont pas catholiques sont partisans de la reprise des relations avec le Vatican. Je me place au point de vue des catholiques, et je dis qu'il y a dans cette reprise des négociations avec Rome, une situation digne d'être considérée par eux comme un geste qu'ils désirent et qu'ils souhaitent, geste élégant et, en même temps, geste de bonne confraternité. *(Très bien ! à droite.)*

L'Union nécessaire

Les catholiques se disent qu'il doit y avoir, depuis la guerre, quelque chose de changé ; ils se disent qu'ils ont souffert les mêmes angoisses que les autres citoyens, qu'ils ont connu les mêmes douleurs, qu'ils ont fait la même guerre et remporté la même victoire. *(Très bien ! très bien !)* Ils sentent tous que si l'union a été l'une des causes du triomphe, l'union nous permettra encore de gagner la paix, cette paix qui se présente à nous avec tant de difficultés à vaincre, tant d'objections, tant de désastres financiers, tant de luttes diplomatiques ! Cette union, ils veulent la faire telle que personne ne puisse en être froissé et meurtri.

Ils vous demandent de soutenir et d'accepter la présence d'un ambassadeur au Vatican, parce que, dans leur conviction, rien dans cet acte ne peut vous blesser et constituer une abjuration, et que, d'autre part, la politique d'avant-guerre eut-elle besoin d'être modifiée après, vous avez l'esprit assez haut pour comprendre qu'en certaines circonstances, quand il s'agit du bien de la patrie, on ne doit pas hésiter à faire certaines concessions. *(Applaudissements à droite et au centre.)*

Quand un homme comme M. Viviani juge indispensable la reprise des relations avec la papauté, il n'y a personne du côté gauche qui ne puisse agir de même ou qui se puisse considérer comme déshonoré en agissant comme lui. *(Nouvelle approbation.)*...............

Nous vous laissons pleine et entière votre liberté. Mais nous vous demandons à notre tour le droit de ne renoncer á rien et de conserver également pleine et entière notre liberté.

M. Trouvé. — Il faudrait que les ultramontains le comprissent.

M. de Las Cases. — Il y a des ultramontains de tous les côtés des monts. (*Sourires*) et, si les ultramontains de tous côtés veulent se mettre d'accord, on s'entendra parfaitement, mais il ne faudrait pas trop d'ultramontains du côté des loges. (*Très bien ! à droite.*)

Je dis donc donc que ce que nous désirons n'a rien qui soit de nature à porter atteinte à vos confessions privées. La seule chose que nous vous demandons, c'est que, dans ce jeu, si je puis employer ce mot, entre deux conceptions philosophiques religieuses différentes, il n'y ait pas de cartes biseautées. (*Très bien ! — Sourires.*) Ce que je demande, c'est que, dans cette lutte ou, de part et d'autre, chacun de nous, en toute liberté par son jugement, son exemple et son action, s'efforce de faire triompher ses idées, il n'y ait pas un parti qui vienne fausser un plateau de la balance en jetant dans ce plateau le poids de l'Etat, la puissance d'une administration et d'un Gouvernement qui n'ont pas reçu des électeurs mission d'accomplir un pareil acte, acte qui, après tout, est une atteinte à la liberté des consciences.

Pas de Canossa

On vous a dit, et personne ne l'a exprimé mieux que mon collègue M. Jénouvrier, que nous n'avons aucune intention de vous conduire à Canossa. Vous savez bien qu'il existe un chemin qui conduit de Paris à Rome sans passer par Canossa. L'honorable M. de Monzie est un cicerone merveilleux. Il a un indicateur direct de

Rome à Paris. Nous sommes prêts à le prendre ; Je me trompe, cet indicateur, nous l'avons déjà pris M. Jonnart n'est pas passé par Canossa. (*Très bien !*)

M. Victor Bérard. — D'ailleurs, Canossa n'est pas sur la route de Paris à Rome. (*Rires.*)

M. de Las Cases. — Notre ambassadeur est arrivé très directement au Vatican. Il est entré par la grande porte. Il a été suivi par ses collaborateurs en grand costume. Il a suivi le protocole. Evidemment il n'y avait aucun rapport entre M. Jonnart, son costume, la réception qui lui a été faite et l'obligation qui fut imposé à l'empereur Henri IV d'Allemagne, d'attendre, à la porte, revêtu seulement d'une chemise et un cierge à la main, qu'on lui pardonnât l'outrage qu'il avait fait à Grégoire VII.

Notre esprit de conciliation

Nous venons ici avec les idées les plus conciliantes. Nous venons à vous, comme des frères du même pays qui ont besoin de lutter ensemble sans désunion, sans procès, sans difficultés confessionnelles. Nous ne venons à vous ni les poings fermés avec une menace, ni la main tendu comme un mendiant ; nous venons à vous les bras ouverts, pour vous dire : « Voulez-vous la paix religieuse ? Voulez-vous travailler avec nous à cette loyale union, qui est le grand devoir de la France ? Voulez-vous que nous nous entendions sur un terrain où il n'y aura ni vainqueur ni vaincu ? Ce sera le terrain de la justice, du droit et de la raison. Nous sommes à votre disposition, vous n'avez qu'à parler. »

La représentation de la France auprès de la papauté est, pour nous, une question de dignité et de conscience. Toutes les fois que l'on se trouve en présence d'une collectivité, d'une association quelconque qui a un chef, le Gouvernement est toujours prêt à s'entendre avec cette association et à aller parler avec son chef. Cela est une bonne méthode, on la suit même pour les questions religieuses. (*Très bien !*)

Nous sommes dit on une puissance musulmane. Nous nous entendons avec les musulmans. J'étais l'autre jour au Théâtre-Français, on y jouait *M. de Pourceaugnac,* et je voyais les acteurs courant après le malheureux Limousin en lui criant : « La polygamie est un cas pendable ! » *(Sourires).* Pourtant les musulmans pratiquent la polygamie. Il y a bien une loi française qui l'interdit encore, mais on se garde bien de la leur appliquer. Nous nous inclinons donc devant les lois religieuse musulmanes, même quand elles sont contraires à notre droit public !

Or, quand vous avez envers l'Islam une pareille largeur d'idées, est-il possible que vous refusiez au catholicisme de vous entendre avec lui ? Vous causez avec le khalifat, avec les congrégations religieuses en Algérie et en Tunisie ; un de vos présidents de la République les a passés en revue. Les Sénoussistes, qui constituent une grande congrégation de là-bas ne vous sont pas indifférents. Sur tous ces points, nous sommes donc en présence d'une large liberté. Je ne vous la reproche pas, mais j'ai bien le droit de vous dire que nous, catholiques, nous aurions le droit de nous plaindre, d'être émus, de considérer comme injustifié et constituant à notre égard une sorte d'injure, si l'on nous disait : « Nous ne vous connaissons pas ! » Vous ne nous connaissez pas, nous qui sommes les plus nombreux en France, nous le vieux syndicat, la vieille collectivité. Le mot « ecclésia ne veut il pas dire communauté ». Notre syndicat n'est-il pas le plus ancien qui ait existé peutêtre, lui qui compte actuellement dix-huit siècles !

Les Catholiques ont droit au respect
Leur représentation auprès Vatican doit être officielle

Le catholicisme, a eu, dans la civilisation, une certaine figure ; et à ce syndicat qui a son chef, un chef que nous aimons, que nous vénérons, qui, pour nous, est un père et le représentant du Christ sur la terre, on vient dire : « Nous ne vous connaissons pas ; nous ne causerons pas avec vous ! »

Chose étrange, on ne nous dit pas précisément « Nous ne vous connaissons pas et nous ne causerons pas avec vous » ; on nous dit : « Nous causerons bien avec vous, mais nous ne causerons qu'en catimini, nous n'entrerons chez vous que par la petite porte, par l'escalier de service. » Je dis qu'une grande association comme la nôtre, qui a le sentiment de sa conscience et de sa dignité, ne peut pas accepter une situation pareille. Il n'est pas possible qu'on vienne lui dire : « Nous avons besoin de la papauté, nous allons nous entendre avec elle : mais quand il s'agira de vous, catholiques, nous mettrons notre oreille à la porte de la cuisine. » Je me rappelle le mot de M. de Colrat à la Chambre des députés : « Faites attention, disait-il ; quand on trouve des oreilles ainsi collées, on les tire ! » (*Rires*)

Non, il n'est pas digne ni des catholiques, ni de la papauté, ni de la France d'en être réduit à une semblable attitude, uniquement parce qu'on a eu autrefois des querelles et des divisions religieuses. Je sais bien que vous avez attaqué la papauté et que vous l'avez oublié, mais aujourd'hui, vous ne pouvez pas, sans nous blesser, refuser de parler avec la papauté.

Les protestants partisans de l'Ambassade
au Vatican

Qui dit cela ? Ce n'est pas seulement moi ; car, s'il ne s'agissait que de moi, une telle assertion n'aurait pas une grande portée. Mais les protestants eux-mêmes sont de cet avis : ils trouvent que les catholiques doivent être représentés auprès du pape....................

....

... Si j'ai bonne mémoire, des délégations de confédérations protestantes sont venues trouver M. le ministre et lui ont tenu le même langage. La *Gazette de Lausanne* s'est exprimée dans le même sens. Ce ne sont donc pas seulement quelques protestants individuellement, mais ce sont des collectivités protestantes, des sociétés protestantes dignes de considération qui estiment comme nous qu'on ne peut pas refuser aux catholiques l'honneur d'être représentés auprès d'un chef que l'on ne peut feindre d'ignorer.

M. Jénouvrier. — Voulez-vous me permettre une observation ?

Je sais un protestant qui est l'honneur de sa religion l'honneur du pays qu'il représente et qui va voter la reprise des relation . (*Très bien ! à droite.*)

M. de Las Cases. — Je vous remercie de l'argument nonveau que vous me donnez ; il s'ajoute aux miens. Mais parce que je n'ai cité qu'un ou deux cas, ne pouvant les citer tous ni faire de la statistique, il ne s'ensuit pas moins que c'est l'opinion générale de tous les protestants vraiment libéraux que j'exprime devant vous.

Il y a là quelque chose de blessant et d'un peu ridicule pour nous, car reconnaitre à la fois que la papauté est très puissante, trop puissante, et dire en même temps qu'on ne veut pas la connaitre, cela ne rappelle-t-il le mot célèbre du Général Bonaparte, lors des préliminaires de Léoben, à l'ambassadeur autrichien. Celui-ci moyennant une concession de territoire, offrait la reconnaissance de la République française par l'Autriche : « La République française n'a pas besoin d'être reconnue riposte le vainqueur. Elle est comme le soleil, aveugle qui ne la voit pas ! »

Vous devez aux catholiques, pour ne pas les blesser, — ils ont le droit de vous le demander à ce titre — d'avoir des rapports avec la papauté, alors que vous en avez avec toute une série de religions autres.

La tradition française

La thèse que soutiennent les catholiques est celle de la tradition française, non pas seulement la thèse de la monarchie, mais celle de la France, aussi bien sous la république que sous la monarchie.

De Clovis à M. Combes, si je puis m'exprimer ainsi (*Sourires*) il y a eu entre la papauté et l'Etat quelques difficultés.

Entre deux puissances souveraines, il est bien rare qu'il n'y ait pas de difficultés. Ce qui m'étonne, ce n'est pas que la monarchie et la papauté aient eu ensemble des désaccords, c'est qu'elles n'en aient pas eu plus et que ces difficultés aient été si facilement tranchées et résolues.

Ce qui s'est passé sous la royauté s'est passé sous la République.

M. Briand vous rappelait qu'en 1793, la Convention, qui possédait le sens du patriotisme, — cette Convention que Berryer, lui, légitimiste intransigeant, remerciait à la tribune d'avoir sauvé la Patrie, — la Convention envoyait à Rome Cacault. Ce même Cacault, quelques années après, le Consulat le renvoyait à Rome en lui donnant pour mot d'ordre : « Vous traiterez avec

la papauté comme si la papauté avait 200.000 hommes. »
200.000 hommes, c'était un chiffre à cette époque.

Je sais bien qu'il y a Challemel-Lacour ! M. Héry
aime les évocations : il nous a montré au Petit-Luxem-
bourg, dans un tableau pittoresque, réunis l'un à côté
de l'autre, Mgr Ceretti et notre excellent et éminent
président M. Bourgeois, et il s'est demandé ce qu'aurait
été l'attitude de Challemel-Lacour s'il s'était trouvé à
cette réunion avec Mgr Ceretti.

L'opinion de Challemel-Lacour

Je suis un homme curieux, j'ai voulu tâcher de re-
trouver la pensée qui avait animé Challemel-Lacour.
J'ai pris ses discours et, si vous me le permettez, je vais
vous en citer un seul qui va nous ouvrir immédiatement
le dialogue des morts et nous indiquer comment ce
dialogue se serait poursuivi.
....
...... Ce discours est de 1888. Il fait le plus grand
honneur à notre ancien président. Il est resté célèbre.
L'orateur se demandait pourquoi il y avait à ce moment en France, contre le Gouvernement d'alors, une
certaine désaffection imputable peut-être à certaines
erreurs que le Gouvernement avait commises. Il ajoutait :

« Oui, nous nous sommes laissé peut-être conduire
« trop docilement par de pures idées à des conséquences
« extrêmes qui n'étaient pas sans péril. Nous avons trop
« confondu peut-être les théories abstraites avec les lois
« de la politique, perdant de vue que, s'il est beau d'avoir
« le culte des principes absolus, il est dangereux de n'é-
« couter qu'eux et je ne dirai pas d'alarmer — personne
« dans cette assemblée et aucun républicain digne de ce
« nom n'a jamais eu pareille pensée — mais d'inquiéter
« ou seulement de gêner dans certaines habitudes la
« masse des populations...

« Nous avons oublié que, même après le triomphe de
« la république, il y avait encore en France des popula-
« tions immenses attachées à leurs habitudes, attachées
« à leurs traditions, avec des croyances peut-être attiédies
« et assoupies sur certains points et dans quelques ré-
« gions, mais sujettes à des réveils surprenants, vivaces
« encore presque partout, et qui tiennent dans la vie in-
« time, dans la vie de la famille, plus de place que la po-
« litique n'en tiendra jamais.

« Messieurs, cette précipitation dans nos entreprises,
« cet oubli momentané de l'état vrai de l'opinion et d'une
« opinion qui, non seulement commande des ménage-
« ments, mais qui a droit au respect, ont été, j'en ai
« peur, une erreur. »

Voilà le langage de Challemel-Lacour ; c'est celui de
tous les grands hommes d'Etat : il y a dans notre cœur
des sentiments d'idéal, respectables entre tous, parce
qu'ils font sa force, sa morale et sa grandeur.

J'ai bien envie de compléter la prosopopée de M.
Héry. Ah ! si vous aviez assisté à l'entrevue, vous au-
riez vu Challemel-Lacour se levant et disant : « Enfin,
« messieurs, vous avez donc compris ma parole, enfin
« vous avez fait cette union et cet apaisement que j'ai tant
« cherchés, enfin vous voulez donc éviter qu'il y ait des
« consciences qui soient touchées et blessées. » Et M.
Héry aurait assisté à ce spectacle : Challemel-Lacour
levant la main, et, sur le point de donner sa bénédiction, s'arrêtant peut-être pour ne pas faire — je ne dis
pas à M. Bourgeois — mais à Mgr Ceretti un acte de
concurrence déloyale.

M. René Héry.— J'ai bien fait d'évoquer ces ombres !

M. de Las Cases. — C'est la tradition française, aussi
bien républicaine que monarchique, que nous suivons,
nous Français, qui comptons parmi nous un grand
nombre de catholiques, qui avons un long passé ca-

tholique, de vieilles traditions catholiques derrière nous, en demandant de reprendre avec la papauté des relations indispensables. *(Très bien ! à droite.)*

Les catholiques pendant la guerre

Cette reprise, nous avons d'autant plus le droit de la réclamer qu'il semble bien que nous devons tous et que vous devez tous avoir pour les catholiques, au lendemain de la guerre, un sentiment nouveau. Je me rappelle avoir entendu à cette tribune un de nos collègues, si attrayant parce que si divers, qui manie tour à tour l'ironie et la finesse, tout en sachant s'élever aux sommets de l'éloquence. M. François Albert, au moment de la discussion du budget, à propos des traitements à accorder aux fonctionnaires de l'université, faire l'éloge de cette université pendant la guerre,

Excusez-moi, mon cher collègue, si je n'emploie pas exactement vos paroles — *traduttore, traditore,* — en tout cas, je vais essayer d'exprimer votre pensée et je suis bien sûr que vous ne trouverez pas que je la dénature. Vous disiez que l'université est sortie grandie de cette guerre, que par l'école primaire elle avait instruit ces petits soldats, qui, au milieu de la lutte, ont montré non seulement l'énergie et le courage français, mais encore une persévérance dont personne ne les croyait capables. Il disait que par l'enseignement secondaire elle avait formé cette bourgeoisie victime de la guerre, sachant à merveille que, si la guerre durait, ses économies allaient s'effondrer, et que la misère allait succéder à l'aisance. N'hésitant pas cependant à aller jusqu'au bout, elle a tout sacrifié afin que la patrie fût sauvée. Puis, vous ajoutiez : « Nos grands savants n'ont-ils pas aidé à la défense, eux qui, avant la guerre, s'étaient peut-être laissé un peu devancer parce qu'ils avaient considéré que leur science devait rechercher ce qui peut sauver la vie et non pas ce qui la détruit ? Ils ont rattrappé le temps perdu et ils ont aidé nos grands chefs à remporter la victoire.

Voilà votre langage. N'ai-je pas le droit, à mon tour, de suivre votre exemple : voyez les catholiques, voyez ce qu'ils ont fait ; car, parmi ces soldats, parmi cette bourgeoisie et ces savants, ils avaient, eux aussi, leur place, et ils ont le droit qu'on vienne proclamer d'eux à la tribune ce que M. François Albert proclamait de l'Université. Le catholicisme français est sorti encore grandi de la guerre, ce n'est pas douteux.

M. François Albert. — Tous les Français !

M. de Las Cases. — Tous les Français, c'est certain, nous sommes d'accord. Par conséqueut, ils doivent être aujourd'hui tous sur le même pied.

En enttendant certaines rumeurs, dans la dernière séance et dans celle d'aujourd'hui, je me rappelais les luttes d'antan et j'en éprouvais, je ne vous le cache pas, une véritable tristesse. J'espérais qu'elles ne se reproduiraient jamais. Ces luttes me faisaient penser à une séance mémorable où, au milieu de l'affliction générale, nous avions du moins une consolation. Le 4 août 1914 ! Je revois encore le Sénat tout entier au moment où se lisait à cette tribune la lettre si pathétique, si émouvante, si française du Président de la République. Je revois tous nos collègues au moment de la lectnre de ce message historique réclamant l'union necessaire à la France immortelle. Je les revois encore se levant tous et par leurs applaudissements faisant le serment sacré que cette union serait pendant toute la guerre entiérement acceptée. Y avons-nous manqué ? A-t-on vu un seul jour au Parlement une droite et une gauche ?

M. Alfred Massé. — Alors pourquoi donner une récompense exceptionnelle à certains ?

M. de Las Cases. — Je ne demande pas de récompense

exceptionnelle, je demande le même traitement pour tout le monde. Je ne réclame de privilége pour personne, je désire que nous soyons traités au moins comme les autres et que l'on reconnaisse notre droit et notre religion, comme on reconnaît le droit et la religion des autres. Nous ne voulons pas de priviléges, nous voulons le droit commun. Nous estimons que l'envoi d'un ambassadeur à la papauté n'est pas le signe d'un privilége. Croyez-vous qu'en Angleterre, en Suisse et dans les autres pays, on considère que les catholiques jouissent d'un privilége parce que les gouvernements envoient un ambassadeur ou un représentant à Rome ? Allons donc ! Ce n'est pas un privilége, c'est notre droit de voir respecter nos idées.

Je suis désolé, navré, je ne vous le cache pas, qu'au lendemain de la guerre, lorsqu'il vous était si facile de nous donner cette preuve de sympathie, vous n'y ayez pas pensé les premiers. Il n'y avait rien au monde qui pût vous gêner moins que la représentation de la France au Vatican et rien au monde qui pût vous être plus utile. Je me disais : il y a un geste élégant à faire, il y a une déclaration à émettre de nature à nous toucher, nous autres catholiques, il y a quelque chose de français, de chevaleresque à exécuter. Je constate que ce geste-là, vous ne l'avez pas trouvé hier. J'espère que vous le trouverez demain.

Ce que nous réclamons est très simple. Ce privilége dont on nous parle, en quoi est-il un privilége, en quoi nuit-il à votre intérêt ?

Les peuples et la représentation au Vatican.

D'autre part, M. Héry nous disait qu'on ne pouvait créer la représentation de la France au Vatican parce que l'on se heurterait à des difficultés de politique extérieure. Lesquelles? M. Héry a précisé que certains

peuples seraient froissés de nous voir envoyer un ambassadeur au Vatican. Quels sont-ils, ces peuples?

_Ce ne sont pas les nations qui sont déjà représentées
auprès du Saint-Siège : il y en a 24, nous disait M.
Jénouvier. Je suis peut-être moins bon mathématicien
que lui, mais j'ai pris la liste de ces nations telles
qu'elles figurent dans le rapport de M. Noblemaire et
dans le discours de M. Colrat: j'en ai compté quarante;
ce sont donc quarante nations qui, par leurs ambassa-
deurs, chargés de pouvoirs ou simples mandataires,
sont représentées au Vatican. Celles-là, j'imagine, ne
se brouilleront pas avec nous parce que nous les avons
imitées.

Quelles nations pourraient nous faire un reproche ?
L'Italie ! je serais vraiment désolé que nous ayons
l'ombre d'une difficulté avec elle, ou que notre geste fût
de nature à toucher sa sensibilité.

L'Italie, notre sœur latine, nous l'aimons profondé-
ment. Nous lui avons même rendu quelques services
et nous savons à merveille que lorsqu'on a rendu
service à quelqu'un il faut ouater les relations pour
qu'il ne vous en veuille pas trop.

Mais l'Italie ne se plaindra pas. J'ai là toute une série
d'extrait de journaux de toutes les opinions confirmant
qu'elle a vu avec plaisir la reprise des négociations.
(*Dénégations à gauche.*)

Elle sent très bien qu'un jour ou l'autre il lui faudra
aller au Vatican et que, ce jour-là, nous pouvons lui
sauver la face et lui permettre la reprise des relations.

Et puis, l'Italie est le pays de la « combinazione ».
Etes-vous persuadés qu'entre le Vatican et le Quirinal il
n'exite pas de rapports? On ne passe point par la porte
Pie, mais il y a d'autres chemins. Est-il si peu certain qu'il
y ait des rapports entre le pape et le roi d'Italie, non
seulement lorsque meurt le souverain — ce qui est
rare, heureusement — mais en d'autres circonstances ?

Quels sont donc les autres pays qui pourraient nous en vouloir d'aller au Vatican ? Ce n'est pas le Danemark, la Suède, la Norvège, où il n'y a que trois catholiques pour 2,000 habitants. Ce n'est pas la Chine auprès de laquelle nous avons joué un si grand rôle, rôle auquel faisait allusion tout à l'heure mon collègue M. Jénouvrier. Ce n'est pas non plus le monde musulman : Constantinople a un représentant. Quant à Angora...

M. VICTOR BÉRARD. — Le gouvernement d'Angora n'est pas représenté auprès du Saint-Siège.

M. DE LAS CASES. — Je le sais à merveille.

Mais je constate qu'Angora a fait avec nous, non pas un traité, mais simplement un accord pour le retour des troupes. Or cet accord est postérieur à l'envoi de M. Jonnart au Vatican. Je ne prétends d'ailleurs pas que ceci ait décidé de cela, mais je constate que l'accord n'a en rien été gêné par notre ambassade auprès de sa Sainteté.

Il n'y a qu'un pays qui pourrait être mécontent et nous faire des représentations : c'est la Russie des soviets, je ne dis pas celle de Kerensky. Grâce à Dieu, nous n'avons pas de représentant à Pétrograd ni à Moscou, et il est à présumer que les soviets ne pourront pas manifester leur mécontentement.

Retournerai-je alors la proposition ? Le fait, après avoir envoyé un ambassadeur au Vatican, de revenir sur cette décision, malgré le vote de la Chambre, ne serait-il pas de nature à susciter dans le monde un étonnement ?

La France est assez grande fille, elle a assez de gloire derrière elle pour n'avoir besoin de demander à personne son consentement à un acte quelconque. Mais puisqu'on a porté la discussion sur ce terrain, me tromperai-je en disant que les 300 millions de catholiques qui verraient instituer une pareille polémique se demanderaient si vraiment en France il y a quelque chose de changé ou si au contraire nous ne sommes pas restés sur nos positions d'avant guerre.

Avec les catholiques, ce sont encore tous les libéraux qui s'étonneraient de trouver notre pays prendre une telle attitude. Les nations auxquelles nous avons imposé les traités de Sèvres, de Saint-Germain et de Trianon, ne manqueraient pas de voir notre pays qui aime tant la liberté, qui a un tel respect des minorités qu'il l'impose à ceux avec qui il traite, au mépris même de leur droit de souveraineté, n'adopte pas la même attitude et la même conduite quand il s'agit de lui-même.

Et ne trouverait-on pas singulier ce destin de la France ? Dieu lui a donné les idées générales les plus belles, elle est la première à concevoir en tout l'idéal, elle fut la première à soutenir la cause de la liberté de conscience à travers le monde comme elle est la première dans les inventions de ses ingénieurs et de ses savants : mais par une étrange mauvaise fortune, ses idéals, ses découvertes et ses idées neuves, elle les laisse réaliser et mettre en pratique par les autres pays.

Vais-je entrer maintenant, mais peut-être trouverez-vous que je suis trop long...

(*Parlez ! parlez !*)...

....

M. HENRY BERENGER. — Vous parlez fort bien.

La Papauté et la guerre, ses doctrines

M. DE LAS CASES. — Messieurs, je recherche avec vous la pacification religieuse, le terrain sur lequel elle peut se faire, les moyens par lesquels nous pouvons y arriver. C'est un sujet qui n'est pas nouveau. Tant que nous n'aurons pas rempli ce devoir de pacification religieuse,

vous me permettrez de rester à la tribune. (*Parlez!
parlez!*)

Aucun gouvernement, disais-je, ne saurait nous adresser des reproches pour avoir repris les relations avec la papauté. Au contraire. Les peuples non plus ne peuvent pas voir notre attitude autrement qu'avec faveur.

J'arrive ici à une grave question que, catholique convaincu, j'aurais honte de ne pas traiter.

Autour de la papauté, il s'est fait pendant la guerre une légende odieuse, comme s'était répandu, au début de la guerre, contre les catholiques de France, un bruit infâme.

M. Victor Berard. — Très bien !

M. de Las Cases. — Dans ces conditions, je dois avoir le courage de dire ma pensée toute entière : soyez convaincu que je ne vous blesserai pas.

M. Victor Berard. — Certainement.

M. de Las Cases. — Après y avoir longtemps réfléchi, après avoir examiné avec grand soin l'attitude de la papauté pendant la guerre, n'ayant aucun besoin pour ma thèse, de faire appel à la conduite du pape car ce n'est pas avec Benoît XV que vous renouez les relations, c'est avec la papauté, je reste convaincu que la papauté a été l'objet d'une odieuse légende et de mensongères manœuvres et j'ai le courage de venir devant vous dire nettement et franchement ce que je pense à ce sujet.

M. Victor Berard. — Très bien !

M. de Las Cases. — Le rôle de la papauté était singulièrement difficile. Elle avait des fils fidèles dans tous les camps. Elle n'avait pas à rendre, sur des questions de fait, entre ses fils, un arbitrage que personne ne lui demandait, qu'aucune des parties ne sollicitait, qu'elle ne pouvait pas rendre tant qu'elle n'aurait pas entre ses mains les documents apportés par les deux parties.

La papauté, en effet, s'est donné à elle-même trois missions : une mission de charité, une mission de pacification, une mission de doctrine.

Quelle était donc la doctrine de la papauté ? Sa doctrine à travers les siècles a toujours été la même : il n'y a de guerre juste que la guerre de légitime défense. Toute autre guerre, guerre de gloire, guerre d'ambition, guerre de mécontentement, guerre de jalousie ou même de froissements si graves qu'ils soient, guerre destinée à sauver une dynastie ou à sauver un gouvernement, guerre destinée à aller chercher chez le voisin les richesses, les territoires ou les valeurs dont l'assaillant a besoin, toutes ces guerres-là sont condamnées.

M. Trouvé. — Voilà pourquoi le pape devait condamner l'Allemagne !

M. DE LAS CASES. Attendez ! Si j'ai abordé la question, vous sentez bien que je vais aller jusqu'au bout, et je ne laisserais rien de côté. Mais laissez-moi, je vous prie, poursuivre ma discussion. Je vous ai dit que ma situation était difficile. Vous voyez en moi, vous n'en doutez pas, j'en suis sûr, un homme d'une sincérité absolue, qui est convaincu qu'il est dans la vérité, qui est peut-être un peu comme M. Jourdain, disant : « Je sais bien que ce que je dis est vrai, je sais bien que j'ai raison, mais j'ai peur de ne pas bien l'exprimer ».

Je suis très heureux, messieurs, de voir un canoniste comme M. Victor Bérard (*Sourires*) qui veut bien appuyer ce que je dis de la doctrine de l'église catholique en matière de guerre. Cette doctrine, au reste, n'est pas nouvelle, elle date de saint Ambroise ; elle a toujours été la même et elle se présente à nous comme le contraire exactement de la doctrine allemande. Pour celle-

ci, la guerre est permise toutes les fois qu'un peuple y
a intérêt; la guerre doit être aussi cruelle que possible
pour permettre d'avoir raison de l'adversaire. A cela la
papauté répond: lorsque la guerre est déclenchée, elle
doit être faite de telle façon que les femmes, les enfants,
les vieillards, en reçoivent le moins d'atteintes possi
bles ; en subissent le moins de ruines.

N'est-ce pas là une doctrine que vous approuvez? Et à
cette doctrine le pape a-t il jamais manqué en aucune
façon?

La Suisse et la Papauté

On demandait s'il avait écrit à la Belgique au lendemain de l'irruption des Allemands ? Il a posé le principe, il a indiqué les règles d'une juste guerre, il a dit ce
quil fallait faire et comment il fallait agir. Voilà le premier point.

Sur un autre point, M. Héry a rendu l'hommage le
plus complet à la papauté, reconnaissant qu'elle a pendant toute la guerre, joué un rôle pacifique, un rôle de
charité, ajoutant que le pape, dans cette circonstance,
s'était un peu trop assimilé à Alphonse XIII.

C'est déjà quelque chose que d'avoir joué un tel rôle
et les nations, pour la plus grande partie, l'ont bien
compris.

C'est encore M. Victor Bérard qui me disait aujour-
d'hui... vous me permettez de répéter ce que vous m'a-
vez dit ?

M. Victor Bérard. — Toujours, mon cher collègue.
Seulement, la séance est trop en mon honneur. (Sourires).

M. de Las Cases. — Vous me demandiez si je lisais
les *Nouvelles religieuses.*

M. Victor Bérard. — Ne me compromettez pas. M.

le président du conseil vient de nous défendre d'apporter ici les *Semaines* et les *Nouvelles religieuses. (Nouveaux rires.)*

M. DE LAS CASES. — Dans les *Nouvelles Religieuses,* on trouve le discours de M. Motta, président de la Confédération helvétique, au moment où la Suisse renouait les relations avec le Vatican après quarante-quatre ans d'interruption : M. Motta déclare qu'il est très heureux de recevoir le nonce, que personne mieux que lui n'était digne d'être envoyé en Suisse. M. Motta charge ensuite le nonce de remercier le pape pour sa belle conduite pendant la guerre, et pour les services qu'il a rendu à tous les blessés, à tous les miséreux. Enfin il ajoute qu'il est heureux d'avoir pu, en renouant avec la papauté rendre aux catholiques de la Suisse, qui sont une minorité, si je ne me trompe, tout le témoignage de sympathie auquel ils ont droit, et qui est conforme à la justice. Voilà le langage tenu par M. Motta en faveur de la papauté.

M. VICTOR BÉRARD. — Permettez-moi, mon cher collègue, d'ajouter que c'est en se plaçant sur ce terrain que M. Motta n'a pas voulu précisément envoyer d'ambassadeur à Rome. Or, nous discutons en ce moment la question de l'envoi d'un ambassadeur à Rome.

M. DE LAS CASES. — Il y a bien un chargé d'affaires.

M. VICTOR BÉRARD. — Il n'y a pas de chargé d'affaires, pas d'ambassadeur de la Suisse à Rome ; il y a un nonce à Berne. Par conséquent, vous voyez que l'on ne peut invoquer M. Motta en faveur du rétablissement de l'ambassade.

Nonce ou Ambassadeur
Mgr Chapon et sa Sainteté Benoît XV

M. DE LAS CASES. — C'est une situation bizarre. Certains de vous veulent au contraire un ambassadeur à

Rome et pas de nonce à Paris ; il est assez singulier que sur ce point, vous éleviez une objection que je n'ai pas soulevée.

Je vais maintenant vous lire, sur le pape et la paix, une citation qui résumera le procès fait à la papauté et mettra à néant tout ce que la légende calomnieuse leur reproche. Ma citation est d'un évêque, mais vous ne la rejetterez pas, car il s'appelle : Monseigneur Chapon :

« Quoi qu'en ait dit la mauvaise foi ou l'ignorance,
« Benoit XV ne s'est pas récusé. Se prévalant au con-
« traire lui-même de son rôle, « d'interprète et de ven-
« geur de la loi éternelle », pendant que tous les souve-
« rains et gouvernements des peuples neutres, monar-
« chies et républiques gardaient le silence, bien qu'il ait
« dans les deux camps d'innombrables et fidèles sujets,
« seul entre tous, en face des triomphes et des préten-
« tions de la force, il a osé proclamer cette loi et cette
« justice éternelles et déclarer « qu'il n'était permis à
« personne, quel qu'il fût, sous quelque prétexte que ce
« fût, de la léser et de la méconnaître », et que, dans les
« pays conquis eux-mêmes, l'envahisseur devait borner
« ses rigueurs « à ce qui est strictement exigé par les
« nécessités de l'occupation militaire ».

« Au lendemain de l'odieux attentat du *Lusitania*, le
« Pape a déclaré dans une lettre au doyen du Sacré Col-
« lége que ces limites avaient été dépassées et que le
« droit international et le droit des gens avaient été violés
« sur terre et sur mer. Toute la doctrine chrétienne sur
« la guerre avec ses conséquences est en substance
« dans cette allocution consistoriale.

« D'ailleurs Benoit XV lui-même en a précisé le sens
« en faisant déclarer officiellement par son secrétaire
« d'Etat au ministre de Belgique près du Saint-Siège,
« qu'entre les injustices réprouvées par lui, la violation
« de la neutralité de la Belgique était comprise, et en

« condamnant explicitement dans la même déclaration
« l'assassinat des prêtres belges et les entraves appor-
« tées au ministère pastoral du cardinal Mercier et de
« plusieurs évêques. »

Après tout, messieurs, si vous voulez juger la papauté par sa conduite envers la Belgique, demandez
donc aux Belges leur opinion ? Demandez aux ministres
belges s'ils n'ont pas envoyé auprès du pape, en pleine
guerre, M. Van den Heuven, et depuis, leur meilleur
ambassadeur, M. de Bayens.

Il faut en finir avec cette légende qui consiste à considérer que la papauté n'a eu, dans toute cette affaire,
qu'une malveillante neutralité.

L'Allemagne et le Pape

Pendant qu'ici des libelles, peut-être payés par
l'étranger, présentaient la papauté sous la figure fausse
que je vous indiquais tout à l'heure, pendant qu'ici,
trompés par ces libelles, un certain nombre d'hommes
— et peut-être de catholiques — se demandaient si la
papauté avait fait tout son devoir, de l'autre côté du
Rhin, un cardinal mettait le chancelier en demeure de
faire taire la presse qui attaquait la papauté, au moment
même où le Kaiser prononçait contre le Vatican des discours enflammés où il se montrait avec toute sa violence, toutes ses rancœurs.

Et peut-être ai-je le droit de dire : lorsque le même
pasteur est également critiqué par les deux parties, la
preuve est faite, éclatante, de son impartialité.

J'ai à peu près terminé mon rôle. Voulez-vous me
permettre d'ajouter un mot ?

Croyez-vous que la reprise des négociations avec la
papauté va être de nature à vous troubler dans la politique intérieure ?

Cette question est bien délicate. Elle a été exposée

par M. Briand avec un telle netteté que je n'ai pas à in-
sister. Je dirai cependant que nous pouvons nous entendre si nous voulons rester sur le terrain de la neutralité bienveillante, si nous voulons les uns et les autres demeurer dans notre domaine, laisser à l'Eglise ce
qui est sa mission admirable, son action morale et sociale, et laisser le temporel au Gouvernement.

Il y a deux manières de lutter contre une opinion, une
confession. Avec la manière forte, ce sont les lois succé-
dant aux lois pour essayer de mettre une camisole de
force toujours plus serrée à l'opinion hostile. Cette manière a fait des martyrs et les martyrs font les religions ;
elle n'aboutit à rien ; elle n'a jamais réussi la pacifi
cation religieuse. A chaque coup nouveau, c'est une révolte nouvelle. Demandez à M. Lloyd George, dont
vous connaissez les difficultés avec l'Irlande, les ré-
percussions à long termes de cette méthode.

La Liberté comme aux Etats-Unis

Une autre manière consiste à laisser la liberté à toutes les idées philosophiques, à la leur donner pleine et
entière, à l'assurer. Cette manière-là, c'est la manière
des Etats-Unis.

Un sénateur au centre. — C'est la nôtre.

M. DE LAS CASES. — M. Briand n'avait pas besoin
d'aller en Amérique, après son geste du Vatican, pour
nous convaincre que cette manière-là était sa manière
actuelle. J'ajouterai seulement que s'il nous a rapporté
dans ses bagages, pour en parfumer notre Sénat, l'at-
mosphère de la liberté telle qu'elle existe aux Etats-Unis
ils nous aura rapporté quelque chose d'utile ; nous ne
regretterons ni son voyage, ni la peine de l'avoir perdu
pendant quelques semaines.

En réalité, à l'heure actuelle, la France ne veut plus
entendre parler de nos querelles d'autrefois : elle les

considère comme inutiles et dangereuses ; elle ne veut pas qu'après la solidarité du front, il y ait reprise de lutte religieuse dans le pays. (*Très bien ! très bien !*) Elle dit à ceux qui, comme nous, avons l'honneur de la représenter : « Défendez-nous donc à l'extérieur (*Très bien !*, défendez-nous à l'intérieur ; tâchez, si vous pouvez, de supprimer la crise financière ; tâchez d'amener, par de bonnes lois, le développement et la prospérité du pays ; soyez bon et affectueux pour ceux qui souffrent (*Très bien !*) et reconnaissants pour ceux qui nous ont défendus pendant la guerre ; faites donner à l'ouvrier et au travailleur la part à laquelle ils ont droit. » C'est une tâche qui nous suffit ; n'allons pas y ajouter un autre. (*Très bien ! très bien ! et applaudissements*).

. . . .
. . . .

Petite Entente

A Gênes: Petite et grande table

« On traite trop volontiers les petites puissances comme
« des enfants auxquels on n'interdit point complètement l'ac-
« cès de la salle à manger un jour de grand dîner, mais qui
« sont invités à y venir à l'heure du dessert et autour de la
« petite table. »

Ces lignes que Monsieur de Flers a données pour exergue
à sa délicieuse et savante étude sur les puissances de la Petite Entente, me reviennent tous les jours à la mémoire,
quand je lis dans nos journaux le récit de ce qui se passe à
Gênes.

Est-ce que là ne se trouve pas la solution du problème que
nous cherchons en ce moment, et qui se résume en ces deux
propositions nullement contradictoires :

1° Faire payer à l'Allemagne ce qu'elle nous doit ;

2° Empêcher une nouvelle guerre.

Que l'Allemagne doive et qu'elle puisse payer, les faits et
les documents l'établissent trop pour qu'il soit besoin d'y
revenir. Qu'elle ne le veuille pas, c'est ce que sa conduite
depuis deux ans surtout, nous montre péremptoirement.

Comment la forcer ? L'Allemagne nous paierait demain
si elle nous sentait la force et la volonté nécessaires pour l'y
obliger. Nous avons été abîmés volontairement par son invasion ; elle a ravagé nos plus riches provinces, elle a tué
ou mutilé une partie de notre belle jeunesse. Si elle avait
été victorieuse, elle nous aurait bien fait payer.

Autrefois, quand un contribuable ne voulait pas solder
sa feuille d'imposition, on mettait chez lui un *garnisaire*.
Après 1870, l'Allemagne a tenu garnison en France jusqu'à
entier paiement. Qu'elle sente chez nous une volonté nette
et ferme, et elle trouvera, même immédiatement le moyen

de tirer de ses usines, de ses exportations, de ses riches capitalistes les sommes nécessaires à l'exécution du traité de paix.

Notre grand tort a été de nous laisser entraîner à des colloques, à des discussions où sa mauvaise foi excelle. Au moment de l'armistice de 1918, j'écrivais à un de mes amis, diplomate distingué, fin psychologue, possédant à la fois la science des traités et l'habitude du monde, pour lui demander comment il comprenait la paix.

« Surtout, me répondit-il, que l'on ne cause pas avec
« les Allemands, ces gens là sont d'infatigables maqui-
« gnons, aucun cynisme, aucune duperie, aucune hypocrisie,
« aucune violence ne les arrête. »

« La seconde erreur, peut-être, a été de croire que si nous n'avions pas toujours à côté de nous l'Angleterre, nous ne pourrions pas nous faire rendre justice. Nous possédons le traité de Versailles, signé par les Anglais comme par nousmêmes ; à nous en tenir simplement mais fortement à son texte, comment l'Angleterre pourrait-elle s'opposer à son exécution ?

Je sais bien que nos voisins d'Outre-Manche ont en mains aujourd'hui les avantages que la paix leur a apportés, qu'ils se sont annexé, notamment en Asie, d'importantes et richissimes contrées, qu'ils ont étendu encore leurs colonies et coulé la flotte de guerre allemande.

Maîtres des mers dans leur île inabordable, ils se considèrent comme à l'abri de tout danger. Nous n'oublions pas notre fraternité d'armes d'hier et nous entendons rester aujourd'hui amis, mais l'amitié n'est vraiment solide que quand, de part et d'autre, on se regarde bien en face.

« Autrefois, on effrayait les enfants en leur parlant de Croquemitaine. A Gênes, avec sa psychologie puérile et sa mentalité brutale, l'Allemagne a pensé nous effrayer en faisant sortir de sa boîte le Croquemitaine russe. Que, colonisée par l'Allemagne, exploitée avec ordre et méthode par ses commerçants et ses industriels, militairement organisée par ses officiers et ses sous-officiers, la Russie puisse être, dans vingt ans, dans dix ans, ou même un peu plus tôt une force redoutable, capable d'écraser l'Europe c'est possible. Il faudrait être myope pour ne pas le craindre. Mais qu'il en soit ainsi aujourd'hui, non.

Les armées russes ne présentent que hordes de pillards et de bandits. Il a suffi à la France d'envoyer à la Pologne un chef comme Weygand pour en avoir immédiatement raison.

Par défaut de voies ferrées, ces masses inorganisées sont d'ailleurs incapables en ce moment d'une concentration rapide, et le gouvernement des Soviets se heurte sans cesse chez lui à de nouveaux embarras. Le jour où celui-ci serait remplacé par un gouvernement honnête qui reprendrait l'attitude et l'alliance de l'ancienne Russie avec la France, la face du monde serait changée à notre profit. Ne nous laissons donc pas outre mesure émouvoir par la menace russe.

« En 1859 Bismark, envoyé comme ministre plénipotentiaire à Saint-Pétersbourg, y rencontra notre ambassadeur M. Fournier. Bismarck vint lui faire visite avant de quitter la Russie.

— Vous avez, lui dit notre ambassadeur, une bien curieuse breloque à votre chaîne de montre ; je ne vous la connaissais pas.

— C'est une pierre du Pays, répondit Bismarck.

— Vous y avez fait graver un mot.

— Oui, Nitchevo.

— Nitchevo, observa M. Fournier étonné, cela veut dire « rien ».

— Parfaitement, riposta Bismarck, c'est le mot qui résume la Russie tout entière, je l'emporte avec moi pour ne jamais l'oublier.

« Comment notre diplomatie trop timorée, peut-être parce

que trop modeste, ne sent-elle point qu'elle a, au lendemain de la victoire, derrière elle des forces matérielles et morales incomparables ?

Au congrès de Vienne (1815) Talleyrand empêcha le morcellement de la France.

Il défendait un pays vaincu ; il avait contre lui la frayeur que nos armes avaient pendant vingt-cinq ans causée à la Prusse, à l'Autriche, à la Russie, à l'Angleterre surtout. Comment tint-il tête, seul, à toutes les grandes puissances ? En réunissant autour de lui les petites puissances, en se faisant leur défenseur, en leur montrant que leur intérêt se confondait avec l'intérêt français, en se constituant l'avocat et le syndic de la Saxe, de la Bavière, du Wurtemberg, du royaume de Naples, du Piémont, etc. etc...

La coalition des petits eut raison de la Sainte-Alliance des grands.

N'avons-nous pas, aujourd'hui la Petite Entente ? N'a-t-elle pas les mêmes intérêts que nous ? Non seulement c'est à nous que ces peuples nouveaux : Pologne, Tchécoslovaquie, Yougoslavie, États Baltes, Roumanie, doivent leur naissance, leur développement ou leur résurrection, mais placés entre la Russie et l'Allemagne et formés de lambeaux arrachés à l'une et à l'autre de ces puissances, ils sentent à merveille que notre appui leur est encore aujourd'hui nécessaire.

Reconnaissance et intérêt les lient donc à nous ; sachons en profiter. Et qu'on ne parle pas de toile d'araignée ; il suffit de voir ce que ces pays ont déjà fait en quelques années pour sentir qu'il y a en eux une force de vie très grande. N'oublions pas, enfin, qu'ils représentent, réunis, plus de cent millions d'habitants.

E. DE LAS CASES.
Sénateur de la Lozère.

(1922)

Fermeté — Prudence

« La fermeté n'exclut pas la prudence ». C'est en ces termes que M. Briand répondait l'autre jour à M. Barrès lui reprochant de n'avoir pas défendu avec assez d'énergie nos droits en face de l'Allemagne.

La formule était élégante. L'idée s'y frappait en médaille. Mais toute médaille a deux faces : avers et revers. Et la seconde serait peut-être encore plus vraie et plus de circonstance : « Prudence exige fermeté ».

Tous, nous voulons, comme tous nous avons toujours voulu la paix. Nous la voulions avant 1914 comme nous la voulons aujourd'hui ; seulement si nous avions, il y a dix ans, compris que le meilleur moyen d'assurer la paix était encore de se préparer à la guerre, si nous avions eu à la Marne assez de canons lourds, de mitrailleuses et d'obus, au lieu de quatre ans, la guerre eût durée trois mois.

Que de ruines, que de sang, que de désastres, passés et actuels, nous eussions évités. L'expérience même la plus cruelle serait-elle perdue pour nous ?

Quand nous réclamons l'exécution intégrale du traité de Versailles, nous ne combattons point — pour parler le langage des vieux jurisconsultes romains, « de lucro captando — afin de réaliser un bénéfice, mais, « de damno vitando » — afin d'éviter un dommage et le pire des dommages, la ruine financière et économique, la hideuse banqueroute...

Le pays le sait, son bon sens le comprend. Si l'Allemagne ne paie pas les réparations si insuffisantes cependant qui lui sont réclamées, son industrie, soigneusement conservée, nous écrasera sous une concurrence dont nous apercevons déjà les effets.

Par sa longanimité, M. Briand a voulu répondre aux mensonges du Reich montrer que nous n'entendons ni morceler l'Allemagne ou la dépecer, ni la dévorer. Il a tenu à réfuter l'accusation d'impérialisme qu'elle nous jette sans cesse à la tête. Il y a réussi, affirme-t-il, en face de nos alliés et de l'univers — je l'en félicite.

Cette propagande est utile. Mais qu'elle ne soit pas trop onéreuse. Un grain de mil fera à merveille notre affaire.

Que surtout il ne s'obstine pas à convaincre l'Allemagne. Ce serait peine perdue. Une erreur de psychologie — notre Premier ne l'ignore pas — peut être mortelle.

L'orgueil allemand a cru terroriser le monde par la cruauté de ses armes, il s'est heurté à l'héroïsme de nos poilus et le monde, en résistant, a écrasé l'agresseur.

Que notre bonté optimiste, en prêtant à nos anciens ennemis un cœur assez haut pour se juger eux-mêmes et reconnaître leurs crimes, ne tombe pas dans une erreur qui, pour être noble, n'en serait pas moins fatale.

L'Allemand est et reste aujourd'hui ce qu'il était hier, le Prussien plein de morgue, l'ergoteur inépuisable, le menteur cynique qui affirme avoir été trahi et non vaincu, proclame avoir été attaqué et attend d'une revanche l'hégémonie perdue. Ces gens-là n'ont rien appris, rien oublié.

La démission de M. Wirth est la réponse la plus cruelle au discours de M. Briand. N'ose-t-il pas, après les éloges que notre Premier donnait hier, en pleine Chambre, à sa bonne volonté, déclarer qu'il ne peut accepter la décision des arbitres relative à la Haute-Silésie; ne s'insurge-t-il pas contre le paiement d'un milliard de marks-or taxé de tribut insupportable et intolérable. Tant de cris et de révolte pour un milliard !! ! Voilà ce que nous considérerions comme preuve de soumission, de repentir et de sagesse ?

L'Allemagne est notre débiteur, il faut ne pas la ruiner pour qu'elle puisse s'acquitter, nous répète-t-on. Soit... Mais n'oublions pas la vieille fable du bon La Fontaine : « Le villageois et le serpent ». (Quelle philosophie politique on tirerait de l'œuvre du sage de Château Thierry !)

Ne réchauffons pas trop la vipère, le venin lui reviendra avec la pleine santé... Et alors... Alors il faudrait recourir à la cognée... et la cognée s'appellerait la guerre. Aucun de nous n'en veut. Nous ne différons que sur les moyens de l'éviter.

E. DE LAS CASES,
Sénateur de la Lozère.

(1921)

Conférence de Paris

OUF

Quand Napoléon fut blessé à Ratisbonne — où il eut la jambe percée d'une balle — ses maréchaux vinrent le féliciter d'avoir échappé à un plus grand danger.

— Qu'eût-on dit de moi si j'avais été tué ? demanda l'empereur.

— Sire, répondirent-ils en chœur, « que le monde avait « perdu un grand législateur, un homme d'Etat éminent, le « premier capitaine de ce temps, et peut être de tous les « âges ».

— Bah ! dit en souriant l'empereur, l'Europe n'aurait dit qu'un mot : « Ouf ! »

J'imagine qu'en apprenant la rupture de la Conférence de Paris, beaucoup de Français ont prononcé le même mot.

Depuis trois ans, les difficultés que nous faisait la politique anglaise, l'âpreté qu'elle mettait, alors qu'elle avait touché, il est vrai, à peu près, tous les bénéfices, du traité de Versailles, à nous empêcher d'obtenir les réparations cent fois dues, nous avait fatigués.

Certes, la France n'a pas oublié la fraternité d'armes qui nous unit avec les braves « tommies » anglais pendant de longs et douloureux mois.

Le sang versé ensemble est un ciment que rien ne peut dissoudre et que rien ne dissoudra.

Mais les dirigeants britanniques ont abusé de notre affection.

Plus nous leur cédions, plus leurs exigences s'accroissaient.

Il fallait qu'un jour vint — et il est venu — où nous ne pouvions point continuer, sans aboutir à la ruine et à un abaissement de dignité, qui eut été de nature à porter atteinte à notre situation morale dans le monde.

Amitié, soit, demain comme aujourd'hui, mais vassalité, non, merci !

Tout s'est d'ailleurs passé — grâce à la courtoisie des deux Premiers — le mieux du monde ; pas de divorce, une séparation à l'amiable que nous espérons momentanée.

Chacun reprend sa liberté d'action, voilà tout.

Nous suivons le conseil que la mère alouette, dans la fable du bon La Fontaine, donnait à ses petits : « Compter surtout sur soi même ».

Reprendre notre liberté d'action, c'est un premier résultat. Il doit nous conduire à un second : l'exécution du traité de Versailles.

Aucun de ceux qui ont lu ce document ne l'accusera d'être trop dur.

Nous n'avons qu'à nous souvenir de ce que les Allemands avaient imposé à la Roumanie et de ce qu'ils se proposaient de nous imposer à nous-mêmes, pour nous rendre compte que les Français vainqueurs n'ont rien perdu de leur esprit chevaleresque.

Certains, même, estiment que nous le poussons un peu loin, et que, pour être né de l'autre côté des Pyrénées, l'illustre don Quichotte a laissé une famille très nombreuse de ce côté-ci !

Il ne suffit pas d'avoir raison dans le siècle où nous sommes.

Il faut l'établir et ne pas s'endormir dans la tranquillité béate d'une conscience pure.

Nous avons triomphé de l'Allemagne sur le terrain militaire, nous avons eu raison de ses canons à longue portée, de ses mitrailleuses, de ses zeppelins. Nous avons à triompher maintenant, sur le terrain diplomatique, et à confondre ses mensonges, ses affirmations cyniques, sa propagande aussi active qu'éhontée.

Ne nous bornons pas à dire comme M. Jourdain : « J'enrage d'avoir raison et de ne pouvoir le démontrer. »

Démontrons-le.

La vérité est avec nous, il s'agit seulement de ne pas la laisser camoufler.

Si la conférence de Paris n'a pas abouti, que le monde sache bien que l'Allemagne, banqueroutière volontaire et frauduleuse, avait la prétention de nous imposer sous M. Cuno, les conditions qui, présentées par M. Simons, à Londres, avaient fait bondir d'indignation M. Lloyd George.

Que l'on sache bien que, de notre côté, on trouve une patience d'autant plus méritoire que, plus grands ont été les sacrifices que nous avons rendus à l'Angleterre, la débarrassant de l'hégémonie allemande qui eût été sa ruine.

Que l'on sache bien, que, laiser écraser la France au profit du Reich, c'est perdre tout le résultat d'une victoire si chèrement achetée.

Ainsi l'ont pensé la Belgique et l'Italie ; ainsi le penseront — s'ils sentent notre fermeté — les groupements de « la petite Entente » : la Pologne, la Tchéco-Slovaquie, la Yougo-Slavie, la Serbie et la Roumanie.

Le danger de demain (le traité de Rapallo nous l'a suffisamment crié), c'est l'union de la Russie avec l'Allemagne.

Accorder un moratoire de quatre ans à cette dernière, comme on nous le demandait, c'eût été lui permettre, le jour où nous aurions voulu la faire payer, de nous répondre par la gueule des canons et des mitrailleuses, par elle confectionnés, et par les millions de soldats russes, par elle organisés, éduqués, préparés.

Le danger germano-russe n'est pas seulement un danger qui nous menace ; il menace l'Europe continentale tout entière, et plus spécialement les nouveaux pays, qui ont dû leur naissance ou leur renaissance à notre victoire.

On traite un peu trop aisément ces nations de « poussière ».

Un pays comme la Pologne, pour ne citer que celui-là,

qui a plus de trente millions d'habitants, et dout le relèvement fait l'admiration de tous ceux qui l'ont étudié, cons-
titueun solide appui.

Aucun Français ne veut la guerre ; aucun Français n'a
de visées impérialistes ; aucun Français n'entend dépecer
l'Allemagne ni la ruiner économiquement.

Mais, discuter avec elle, c'est folie.

Nous ne la convaincrons pas.

Il suffit de lire ses journaux ou d'écouter ses hommes
d'Etat pour voir quelle haine et quel désir de vengeance
les animent.

Nous fier à sa parole et nous laisser persuader, comme
l'ont fait nos radicaux-socialistes et nos socialistes d'avant
1914, qu'en cas de guerre, la « Sociale Démocratie » ne
marcherait pas, serait aujourd'hui un aveuglement égal à
une trahison.

L'Allemagne ne s'inclinera que devant la force.

Elle est incapable de comprendre la générosité et la
bonté. Elle n'y voit qu'un signe de pusillanimité et de
faiblesse.

Avec elle, il faut parler haut.

Il faut lui montrer notre énergie et lui donner le sentiment de notre force.

La force ne nous fait pas défaut, à l'heure actuelle. Sans
appeler un soldat de plus sous les armes, par la seule puissance de nos contingents, unis à ceux de nos alliés du
continent, — que nous trouverons d'autant plus à nos côtés
qu'ils nous verront décidés à ne point périr — nous évite-
rons toute guerre.

Nous obtiendrons des magnats de la finance et de l'industrie allemandes, l'or qu'ils ont accumulé et grâce auquel
nous pourrons réparer nos régions dévastées et payer à nos
orphelins, à nos mutilés et à nos chers combattants, la dette
de la Patrie reconnaissante.

E. DE LAS CASES,
Sénateur de la Lozère.

Janvier 1922

SÉNAT

Séance du 6 Février 1906

LA LOI MILITAIRE

Réduction à 1 an du service militaire
pour les enfants des familles nombreuses

DISCOURS DE M. DE LAS CASES

M. DE LAS CASES. — Messieurs, l'amendement que j'ai l'honneur de soumettre au Sénat, est, en lui-même modeste, mais cependant fort intéressant. Il a pour but d'exempter d'une année de service militaire les enfants des familles nombreuses, de celles qui contiennent sept ou un plus grand nombre d'enfants.

En effet, cet amendement porte que les jeunes gens appelés ayant six frères ou sœurs ne feront qu'une année de service actif.

Vous voyez qu'il y a là une prime à la natalité, que cette disposition contient, en réalité, un encouragement aux nombreuses familles.

C'est vous dire que mon amendement a été signé par un certain nombre de nos collègues, et spécialement par M. Piot.

Je m'empresse d'ajouter que toutes les lois antérieures à la proposition de loi actuelle ont toujours tenu compte, dans une certaine mesure, des nombreuses familles, pour diminuer les charges qui leur étaient imposées par le service militaire. La proposition de loi actuelle est la seule qui ne fasse pas état de cette situation. Il y a là, ce me semble, une innovation qui me paraît singulièrement malheureuse. (*Très-bien ! très-bien sur plusieurs bancs*).

J'insiste pour que la disposition que nous soumettons au Sénat soit acceptée, parce qu'il me semble qu'elle ne diminuera en aucune façon le nombre de nos soldats en temps de guerre. En temps de guerre, chacun doit le service personnel, et chacun de nous tient à honneur de le remplir exactement et intégralement. Tous les jeunes gens, quelques nombreuses que soient leurs familles, seront à ce moment sous les drapeaux ; mais en temps de paix, ils n'auront qu'à faire une année de service, et, dans l'infanterie spécialement où on les versera, ils pourront, en une année, apprendre exactement tout ce qui peut être nécessaire pour faire d'excellents soldats et pour servir très utilement en temps de guerre.

Ma proposition, en outre, me semble être tout à fait équitable. La loi que le Sénat discute en ce moment part de cette idée : l'égalité du service personnel.

Je n'entends en aucune manière contredire à cette égalité ; j'estime au contraire, qu'en matière d'impôt militaire et d'impôt personnel comme l'impôt militaire, chacun de nous doit fournir exatement la même somme de sacrifices. Mais cette égalité doit être comprise, ce me semble, non dans un sens étroit, mais dans un sens rationnel. Pour la comprendre dans un sens trop étroit, l'égalité risque d'être faussée et de produire un résultat tout à fait opposé à celui qu'on cherche. C'est ce que M. de Freycinet, à notre dernière séance, exprimait d'une façon si lumineuse, quand il disait : « L'égalité absolue, ce serait tous les Français « servant dans le même corps, au même endroit, et « ayant le même grade. Ce serait le comble de l'égalité : « ce serait aussi le comble de l'absurdité. »

En matière de service militaire, qui donc paye, en réalité cet impôt ? Ce n'est pas seulement le jeune homme qui est appelé à faire ce service, c'est encore sa famille. Lorsqu'il s'agit surtout de ces familles d'ouvriers ou d'agriculteurs qui sont nombreuses et peu aisées, qui ont attendu longtemps que leur enfant grandisse pour venir à leur aide, ne croyez-vous pas qu'en voyant partir leur enfant pour le service militaire, elles subissent une véritable gêne et un impôt extrêmement lourd?

Je vous le demande, étant données deux familles dont l'une n'a qu'un ou deux enfants, et dont l'autre — et nous en avons beaucoup dans nos régions — a six, huit ou dix enfants, est-ce que celle qui voit partir l'un après l'autre cinq ou six enfants ne subit pas un impôt plus lourd que celle qui, n'ayant qu'un ou deux enfants, n'en voit partir qu'un?

Est-ce qu'il n'y a pas là une inégalité évidente et ne serait-ce pas rétablir l'égalité que d'imposer seulement un an de service militaire aux enfants des familles nombreuses? (*Très-bien! très-bien! sur plusieurs bancs*).

Voilà, Messieurs, les observations que j'avais à présenter. Je sais que j'appartiens à un pays où les familles sont, en général, très nombreuses,

M. CHARLES RIOU. — Comme en Bretagne.

M. DE LAS CASES. — Oui, dans la Lozère, comme en Bretagne, il existe des familles comptant huit, neuf et dix enfants, quelquefois plus.

J'entends à merveille que je pourrais à cet égard être accusé de prêcher pour ma paroisse, mais j'entends aussi que celui d'entre vous qui n'a jamais agi de la même façon me jette la première pierre (*mouvements divers*).

J'estime, d'ailleurs, quant à moi, qu'en défendant des intérêts particuliers, je défends en même temps un intérêt général, car il y a un intérêt général à encourager la natalité. (*Marques d'approbation sur plusieurs bancs*).

Je me souviens à merveille de ce mot si angoissant du Maréchal de Moltke. Au lendemain de nos désastres, la France s'était relevée grâce au concours de tous ses citoyens réunis sur le terrain de l'entente patriotique et de l'organisation de l'armée. La France s'était relevée avec une telle rapidité que nos adversaires redoutaient l'activité que nous y avions mise, et comme quelques-uns voulaient pousser à une nouvelle guerre, à une nouvelle invasion, le maréchal de Moltke les arrêta en leur disant: « Regardez-donc le tableau de la natalité en Allemagne « et regardez le tableau de la natalité en France. Chaque « année qui s'écoule est une victoire que nous gagnons. »

S'il y avait partout des familles nombreuses comme en Lozère, chaque année ce ne serait pas une bataille que nous perdrions, ce serait une bataille que nous gagnerions. *(Nouvelles marques d'approbation sur les mêmes bancs).*

Dans l'intérêt général, il est utile d'encourager les familles nombreuses. Tel est le but de la disposition que j'ai l'honneur de vous soumettre.

Messieurs, Mesdames,

Le vieux Plutarque nous montre Lycurgue et Numa Pompilius substituant au droit de la force, la force du droit.

Ils établissent dans leur cité la paix grâce à des codes qui fixent la loi, à des tribunaux qui l'appliquent, à des licteurs qui la font exécuter.

Ils jettent ainsi les bases de deux grands peuples. Il mettent, par la justice, fin aux rixes entre leurs concitoyens.

Pourquoi ne pas tenter, par le même moyen, de mettre fin aux guerres entre les nations.

Pourquoi ne pas s'inspirer de l'exemple d'une grande cité déterminée pour pacifier la grande cité Humanité.

Au lendemain de la terrible épidémie que l'Allemagne a déclanchée, quand, par ses crimes, le monde n'a pas seulement vu dévaster le labeur des siècles passés et hypothéquer celui des siècles à venir, mais surtout jeter le deuil et les larmes dans chaque foyer où se pleure un être chéri brisé dans son printemps, qui donc considèrerait d'un œil terne et indifférent de tels maux et jugerait inutile d'y chercher remède ?

« Après chaque guerre, les hommes ont voulu la Paix. Mais les médications jusqu'ici appliquées ont fait faillite.

Faillite, la paix fondée sur l'hégémonie d'un peuple assez bien armé pour courber sous sa puissance le reste de l'univers.

Faillite, la paix fondée sur l'architecture trop complexe, pour n'être pas trop délicate, de l'équilibre européen.

Seule, la paix basée sur la justice et le droit peut être stable.

Voilà la source pure d'où découle l'idée de la Société des Nations.

Mais une idée juste et généreuse ne s'implante pas toujours — même chez nous — spontanément. Il lui faut des esprits autorisés, vaillants, éloquents, comme M. Léon Bourgeois, et un public d'élite comme le vôtre, pour triompher de la routine et des préjugés. Ce sont là fers barbelés qu'il faut briser. Comment, disent certains sceptiques, mais voilà des milliers d'années que le monde existe, il a toujours été en guerre, il sera donc toujours en guerre.

J'imagine que quand nos arrières-grand'pères ont voulu quitter leurs cavernes, ils ont dû se heurter à des arguments du même genre.

Napoléon et M. Thiers — malgré tout leur esprit et tout leur génie — n'ont-ils pas méconnu l'avenir de la vapeur et des chemins de fer, et si le Très-Haut n'avait eu la précaution de créer les hommes le dernier jour, il en eût trouvé sans doute, pour le supplier de ne pas déranger le chaos.

Nouveauté n'est pas fatalement utopie

De ce qu'une idée soit nouvelle, s'ensuit-il qu'elle soit utopie?

Mais notre idée est-elle si neuve ?

Non, ce qui sera nouveau, sera sa complète réalisation.

Fénelon, par la bouche de Mentor conseille à Idoménée, de trancher, non par la guerre, mais par l'arbitrage, le conflit qu'il médite contre ses voisins.

La Papauté, dans un siècle de luttes féodales, avait, avec la trêve de Dieu, songé à imposer la paix dans la chrétienté par l'arbitrage d'un pouvoir qui, accepté de tous, dirait à tous la justice et le droit.

L'unité religieuse brisée, brisé fut l'instrument. Mais, le Vatican n'a pas varié dans sa doctrine, et pour employer la spirituelle expression de M. Denys Cochin, quand on lit sans parti-pris et quand on compare les notes de Sa Sainteté Benoît XV et du Président Wilson, on risque de se tromper et d'attribuer au premier le message diplomatique, et au second l'encyclique pontificale.

Derrière de tels penseurs et de tels patrons, on peut marcher sans trop de crainte.

Notre Traité, n'a pas, cependant, rompu avec tous les préjugés.

Les plénipotentiaires n'ont pas crû, par respect pour le principe mal compris — à notre avis — dé la souveraineté des Nations, pouvoir donner au Tribunal International, force obligatoire.

L'œuvre est donc incomplète.

Loyalement, les plénipotentiaires l'ont constaté et déclaré améliorable.

Qui donnera aux Gouvernements l'autorisation nécessaire?

Une seule puissance aura cette force ?

L'opinion publique.

Or, c'est vous, Messieurs, qui la constituez cette opinion publique.

Nous nous adressons à vous pour éviter à la triste humanité le recour du cataclysme d'hier.

Vous seuls pouvez mener l'œuvre à bien ;

En vous, tous les amis de la paix mettent espoir et confiance.

La Société des Nations
Qu'en pouvons-nous craindre

Extrait de la " Revue des Lettres " (*1923*)

Que la Société des Nations ne devienne pas, pour la France et ses gouvernants, le mol oreiller qui les dispense de l'éffort et de la prévoyance. Vivre, c'est agir, pour les nations comme pour les individus. Les meilleurs juges ne font gagner leur procès qu'au justiciable qui prépare soigneusement son dossier et plaide convenablement sa cause. Quelle cause plus juste que la nôtre ? Nous désirions si peu la guerre que nous n'y pouvions croire :

> Nous cultivions en paix d'heureux champs et nos mains
> Etaient propres aux arts ainsi qu'au labourage.

L'impérialisme allemand s'est précipité sur nous. Nous avons opposé à ses baïonnettes les poitrines de nos jeunes générations. Dieu aidant, notre bon droit, grâce au génie de nos chefs et à la vaillance inébranlable de nos soldats a triomphé.

Vainqueurs, quelles furent nos exigences ? Une restitution : L'Alsace et la Lorraine; des réparations modérées, très inférieures aux dévastations causées. Avant la fixation par la Commissions des Réparations, du montant de notre créance, nous avons proposé une entente volontaire, un forfait. On s'y est refusé. Quatre ans durant, nous avons patienté. Pour ne point payer sa dette, notre débiteur, par un expédient voulu, a ruiné sa monnaie. En droit privé, cela s'appelle une banqueroute frauduleuse et ressortit aux tribunaux criminels.

Le Traité de Versailles à la main, nous avons pris un des gages qu'il nous affectait, en nantissement.

Quelle Nation victorieuse fut plus patiente que la France actuelle, plus généreuse, montra une bonne volonté presque excessive, à ce point qu'elle parut à la morgue des vaincus — incapables de nous comprendre — faiblesse et pusillanimité. Comment un Tribunal impartial pourrait-il nous effrayer ? Devant lui, comme dans les plaines de Champagne, nous ne combattons que pour la Justice et la Liberté humaine.

b) Politique Intérieure

NOS INTERVIEWS
sur les grandes réformes

Ce que pense M. le Comte de Las Cases
Sénateur de la Lozère
des réformes constitutionnelles

« — Avez-vous suivi, Monsieur le sénateur, l'enquête sur les réformes constitutionnelles, législatives et administratives dont la *Croix* a pris l'initiative ? demandai-je à M. E. de Las Cases, sénateur de la Lozère. — Puis-je vous demander d'apporter à l'enquête de la *Croix* les conseils de votre expérience ?

« — Permettez-moi de me borner à vous indiquer trois ou quatre réformes qui, pourraient, proposées et réalisées, n'être pas sans effet.

Haute-Cour de Justice comme aux Etats Unis

« Au point de vue constitutionnel, me déclare M. E. de Las Cases, une Haute-Cour de Justice comme celle qui fonctionne aux Etats-Unis serait une bonne sauvegarde de la liberté civique.

« Une grande nation doit posséder un code de droit public où sont inscrits les principes essentiels de sa civilisation. Toute atteinte que tenteraient d'y porter les intérêts ou les passions d'une majorité éphémère doit être sévèrement réprimée. Tel est le rôle de la Haute-Cour de justice aux Etats-Unis.

« Qui ne voit combien dans nos luttes passées une telle institution aurait pu éviter de lois néfastes !

Vote familial

Enfin puisque nous sommes en pays d'égalité — et ce n'est pas moi qui m'en plaindrai, ajoute le sénateur de la Lozère, — pourquoi donc n'aurions-nous pas l'égalité du suffrage universel et non pas seulement un demi ou un quart de suffrage universel ?

« Dans une Société commerciale ou industrielle, chaque actionnaire possédant une part possède une voix à l'assemblée générale ; celui qui ne peut pas, vu son âge, émettre son vote, est représenté par son tuteur.

« Ayant à défendre des intérêts, ils doivent avoir un regard sur la question.

Le *vote familial* répond à cette idée. Il attribuerait aux parents le soin de voter pour leurs enfants mineurs. A celui qui, par sa nombreuse famille défend le mieux le pays, il donnerait plus de voix qu'à l'égoïste célibataire.

« Conduire une famille, c'est diriger un Etat en miniature ; cette direction donne à son chef les sentiments d'économie, d'esprit de sacrifice, de prévoyance et de sagesse qui sont aussi nécessaires au chef d'une nation.

« Le vote familial fournira aux citoyens français la pensée de confier leur mandat à des gens qui partagent leur mentalité éminemment féconde et utile à la bonne gestion des affaires publiques.

« Voilà les réformes qui me paraissent les plus urgentes.

Tant valent les hommes
tant vaut la Constitution

« Je ne partage pas, je l'avoue, les préjugés des grands théoriciens politiques, qui se figurent qu'une Constitution bien faite suffirait à conduire automatiquement la société vers un nouveau paradis terrestre.

« Que certains ingénieurs puissent espérer construire une

machine qui, par elle seule, se dirigerait, c'est déjà une erreur : la main de l'ouvrier est nécessaire à la diriger et à la réparer. Quand il s'agit de la machine sociale, il faut plus que jamais compter sur la valeur ou sur les défaillances du chef.

« Nous avons essayé nombre de constitutions ; aucune n'a donné les résultats attendus.

« Sieyès était bien convaincu d'avoir en Brumaire an VIII tout à la fois à jamais arrêté l'omnipotence d'un seul comme la tyrannie d'une masse : un mot de Bonaparte sur le Grand Electeur qui devait jouer le rôle « de porc à l'engrais » fit tout écrouler.

« Le premier consul drapé dans son manteau démocratique eut en main un pouvoir plus absolu que le plus autoritaire de nos rois. Bienfaisant, d'ailleurs, fut ce pouvoir sous le Consulat. Il permit à un homme de génie de relever les ruines qui encombraient le sol et d'y jeter les bases d'un édifice qui fut longtemps debout.

« Un outil médiocre a souvent dans des mains habiles et expertes exécuté des chefs-d'œuvre — me dit en terminant M. E. de Las Cases ; — la machine la plus perfectionnée peut entre des mains maladroites causer les pires désastres.

« Il en est de même des Constitutions. Avec bien moins de pouvoirs encore qu'il n'en est accordé à notre président de la République, la royauté anglaise, sous la reine Victoria et sous le roi Edouard VII, a joui d'une influence incontestable.

« Le régime parlementaire a donné tous ses effets du temps de Fox et de Pitt, et il fut considéré alors comme le dernier mot de l'art de gouverner.

« La Constitution de 1875 s'est inspirée des idées d'outre-Manche ; elle était destinée, dans la pensée de ses auteurs, à faire le lit de la royauté : elle a donné une République parlementaire, mais d'un parlementarisme qui ne ressemble guère à celui de la grande époque britannique.

« Là-bas deux partis étaient en présence, les whigs et les tories. des whigs, amoureux du progrès dans le changement, les tories qui, sans être ennemis du progrès, ne le comprenaient qu'avec la patience qu'exige tout mouvement qui, pour être une évolution, veut éviter de tomber dans la révolution. Chaque parti à son tour prenait et gouvernait selon sa doctrine.

« En France, les hommes changent, mais bien peu les théories. La conviction que chacun peut-être ministre demain et remplacer les hommes au pouvoir fomente des groupements où les intérêts de la France ne jouent pas seuls malheureusement le rôle capital.

« La réforme des mœurs est encore le plus sûr moyen d'assurer la prospérité d'une nation, et voilà comment nous en sommes encore aujourd'hui réduits à ne trouver rien de mieux que le mot du sage Cicéron :

« *Quid leges sine moribus !*

« Vous pardonnerez cette réminiscence un peu vieillote à un sénateur comme moi. A mon âge, on a acquis le droit de se trouver d'accord avec les anciens. »

(1921)

FRÉQUENTATION SCOLAIRE

Séance du 11 Novembre 1921. — Sénat,

Trop d'illettrés

M. DE LAS CASES. — Messieurs, le rapport que vous avez entendu hier a nettement précisé le problème qui vous est aujourd'hui soumis. Il a ainsi facilité singulièrement la tâche des orateurs.

Ce rapport commence par constater qu'il y a encore en France, malheureusement, un très grand nombre d'illettrés. Il ajoute que ce nombre doit être restreint, car l'instruction est une des choses les plus utiles, les plus indispensables. Après avoir posé ces deux bases, cherchant le moyen de lutter contre le mal et les remèdes qu'on pourrait y apporter le projet de loi en indique deux : d'abord une augmentation de la période scolaire, portée de treize à quatorze ans, ensuite un certain nombre de dispositions pour assurer ce que j'appellerai la conscription scolaire, ainsi que des pénalités pour frapper ceux qui essayeraient de s'y dérober.

Sur les deux principes que j'ai énumérés, nous serons, non seulement avec le rapporteur, mais avec le Sénat tout entier, absolument d'accord. Il est malheureusement certain qu'il y a encore en France un trop grand nombre d'illettrés. C'est un fait qui a été reconnu, et j'ajoute déploré par tout le monde. Il est certain que l'on doit lutter pour arriver à diminuer le nombre de ces illettrés. Mais cependant, Messieurs, n'exagérons rien, ne noircissons pas le tableau et ne le peignons pas au bitume plus qu'il ne convient (?)

Pas d'exagération

Notre loi scolaire n'a pas donné tous les résultats qu'on en attendait, nous n'avons pas réalisé les bénéfices que nous en escomptions ; mais nous ne sommes cependant pas réduits à une faillite irrémédiable. Ne nous dénigrons pas par un esprit de modestie un peu excessive : Nous avons, parmi nos adversaires d'hier, et même parmi nos alliés, trop de personnes qui se chargent de ce soin pour que nous ayons à mésestimer les qualités de notre race. Nous ne sommes pas encore, même au point de vue intellectuel, en si mauvaise posture.

M. le rapporteur disait : « Quand j'aperçois, dans une prairie, des enfants de quatre ans, de onze ans, occupés uniquement à garder les bestiaux, je me demande quelquefois quel est celui qui garde l'autre ? » Pendant que M. Jossot parlait, je pensais à cet enfant de quatre ans ; je le voyais, pendant la guerre, assis sur les genoux de sa mère, lui montrant par sa tendresse, tout ce qu'il y avait d'aimant en lui, l'embrassant, par ses baisers, séchant les larmes de la femme dont le mari était au front et amenant peut-être un sourire sur les lèvres de la veuve. (*Très bien ! très bien !*)

Quant à l'enfant de onze ans, ce n'était pas une vision fugitive, celui-là, je l'ai connu dans mon pays. J'ai vu, pendant la guerre, nos valeureuses femmes relevant leur jupe afin de marcher plus aisément dans les guérêts ; je les ai vues, la tête nue, les bras hâlés par le soleil, tenant de leurs deux mains l'araire, pendant que l'enfant de onze ans marchait devant les bœufs, les conduisant, les habituant à tracer droit le sillon qui, ensemencé demain, apporterait après-demain à nos soldats un peu de pain pour les réconforter. (*Applaudissements.*)

Le moral Français et l'Instituteur allemand

M. DE LAS CASES. — On nous a souvent répété que c'était l'instituteur allemand qui avait gagné non seulement la bataille de Sadowa, mais encore la campagne de 1870. C'est peut-être aussi l'instituteur allemand qui, dans une certaine mesure, a perdu la campagne de 1914 à 1918. Il n'avait pas suffisamment appris à ses élèves que l'avarice — et je prends le mot dans son sens romain, qui est celui de cupidité — que l'orgueil sont les plus grands péchés des hommes et des nations, et que, lorsqu'on les commet, on arrive fatalement à des désastres.

Ce qui a sauvé la France, c'est qu'elle a su conserver en elle les traditions ancestrales, l'énergie, la confiance dans la justice de sa cause, le courage, la persévérance, c'est qu'elle a su, en un mot, conserver le moral. Lorsque le maréchal Foch parle des grands éléments qui ont conquis la victoire, sa modestie met au premier plan le moral; c'est bien ce moral qui nous a assuré cette armistice dont nous célébrons aujourd'hui le troisième anniversaire, et qui est certainement l'armistice le plus glorieux pour un vainqueur, le plus pénible pour un vaincu qu'ait jamais connu l'histoire. C'est le moral de la France, le moral du front, le moral de l'arrière qui nous ont sauvés.

Ouvrez les ouvrages des écrivains militaires allemands, de Ludendorff, d'Hindenburg ou même des chefs d'État, comme Erzberger : tous reconnaissent que si l'Allemagne a été vaincue, c'est que son moral avait faibli, était tombé, était déprimé. La victoire a été due au moral de la France. C'est l'âme de la France qui a vaincu la force teutonne. C'est la valeur du moral français supérieur au moral allemand qui nous a assuré la victoire!

M. HERVEY. — C'est d'ailleurs l'enseignement que

l'école de guerre de France a toujours donné aux officiers qui ont suivi ses cours.

M. DE LAS CASES. — C'est ce que je disais tout à
l'heure et je confirmais cette opinion par les aveux de
nos adversaires eux-mêmes.

Ce que je veux tirer de là c'est que l'instruction est
indispensable à un homme et à une nation mais que
l'éducation, qui forme les caractères, a aussi sa valeur.
L'une et l'autre doivent aller ensemble ; faute d'éducation pas d'enseignement réel.

Loin de moi la pensée de conclure à l'inutilité de l'instruction. Rien de semblable. Nous sommes, grâce à
nos soldats, la nation la plus glorieuse du monde : nous
devons également être la nation intellectuellement la
plus développée. Nous le pouvons.

Lorsqu'on demandait à Napoléon ce qu'il aurait fait
de la France si, au lieu de voir son génie sombrer dans
les neiges de la Russie, il avait été vainqueur et avait eu
sous son hégémonie morale et matérielle l'Europe et
peut-être le monde tout entier, il répondait : « Ce que
j'aurais fait de mes Français ? J'en aurais fait l'état-major
du monde ; c'est par eux que j'aurais fait progresser la
civilisation »

Il considérait ainsi que le Français n'était pas seulement le premier soldat de l'Univers mais que, par son
intelligence, par sa capacité, par sa facilité d'assi-
milation par son développement intellectuel, il pouvait
dans les arts, dans les sciences, dans l'agriculture, dans
le commerce et l'industrie, être le premier partout.

Cela, messieurs, puisque nous le pouvons, nous le
devons.

Aussi bien nous n'aurons de victoire complète que
quand, après la victoire militaire, nour aurons la victoire économique.

Jusqu'au jour où nos foyers plus féconds auront rétabli l'égalité du nombre, il nous faut suppléer à la quantité par la qualité.

Ecole primaire — Ecole technique

Nous le devons enfin, parce que, dans la bataille économique, il faut un outillage humain et celui-ci est encore le meilleur, le plus élevé, le plus productif et le plus fécond.

Ici je voudrais bien cependant que nous évitions une confusion entre l'école primaire et l'école technique, l'école de métier. Elles ne doivent pas être confondues. L'école primaire, nous nous en sommes beaucoup occupés jusqu'à la guerre, mais nous nous sommes très peu préoccupés de l'école technique et, sur le terrain pratique, nous nous sommes laissés devancer par nos rivaux. Il faut aujourd'hui que cette situation change et nous devons éviter de confondre ces deux écoles. Il faut donner à chacune d'elles le rôle qui lui appartient.

L'école primaire, c'est l'antichambre, l'école technique, c'est la grande salle. Qu'elle soit vide ou qu'il y ait un festin, il faut passer par l'antichambre, mais à aucun moment les deux pièces ne doivent être confondues.

Hier, lorsque M. le rapporteur nous exposait son rêve, peut-être généreux, et prévoyait le jour où, nos enfants ayant été suffisamemment à l'école primaire, l'ouvrier pourra être le collaborateur de son patron et partager avec lui la direction, je me disais : pas si vite ; l'enfant qui aura été simplement à l'école primaire, même jusqu'àge de quatorze ans, ne sera pas capable encore de devenir le collaborateur du patron. Il faudra quelque chose de plus, il faudra l'école technique, il faudra un enseignement plus avisé et plus averti. La demie science est plus dangereuse encore que l'ignorance.

Voilà, messieurs la pensée qui me préoccupe.

Même sur ce point, encore, il me semble que je n'étais pas loin de la pensée de l'honorable M. Jossot.

Apprendre à penser

L'honorable rapporteur disait : l'école primaire est une première étape. Nous ne devons guère lui demander qu'une chose : apprendre à l'enfant à penser, à observer, à juger. Il ne doit pas croire, en sortant de l'école primaire, qu'il sait tout. Et pendant qu'il parlait, je me rappelais les derniers cours qui nous avaient été faits, par notre professeur, à la veille de notre baccalauréat : « Mes chers enfants, nous disait-il, vous « allez passer votre baccalauréat, vous serez reçus, vous « aurez un diplôme et vous reviendrez ravis dans vos fa- « milles ; mais ne vous figurez pas que vous êtes des « encyclopédistes, que vous savez tout. Soyez bien con- « vaincus que vous ne savez encore presque rien, et qu'à « l'école nous vous avons appris une seule chose : nous « vous avons appris à apprendre. »

Voilà la vérité, et plus on avance dans la vie, plus on s'aperçoit que tous les jours il faut apprendre. L'homme qui travaille est comme l'homme qui escalade une montagne de Suisse. Plus il s'élève, plus il voit autour de lui de lacs, de vastes vallées plus profondes, d'horizons plus lointains. Plus son regard s'étend, plus il trouve en face de lui des choses qu'il ne connaît pas et qu'il ne connaîtra jamais.

« L'homme est un perpétuel écolier qui doit travailler « toujours, réfléchir toujours, observer toujours. Il doit « se dire, que, quoiqu'il fasse, il lui sera bien difficile « d'arriver à un savoir suffisant. »

Voilà ce que disait mon professeur et ce que dit M. Jossot.

Oh ! j'imagine que mon professeur et M. Jossot n'avaient pas sur toutes les questions les mêmes idées.

Mon vieux maître était un père jésuite. Cela prouve, permettez-moi de lo dire, que l'on peut avoir des idées confessionnelles un peu différentes et être d'accord sur les grandes questions de morale ou de pédagogie.

M. LABROUSSE. — Vous avez bien paraphrasé Danton il y a quelques instants.

L'Eglise et la science médicale

M. DE LAS CASES. — J'en suis joliment fier.

Je disais donc que l'on pouvait avoir des points de vue philosophiques ou religieux assez différents et même assez éloignés et cependant être d'accord sur certains points. J'en trouve la preuve, à côté justement du langage d'hier de M. Jossot, dans un très beau et très profond discours prononcé à Montpellier, par le docteur Helme.

Il faisait remarquer qu'en 1220, c'était le cardinal-légat Conrad qui avait établi les principes de l'université de médecine, et qu'il était — je crois que ce sont ses propres expressions — « d'une association piquante, d'un « destin ironique, de voir, sept siècles plus tard, la Ré- « publique fêter et saluer le travail du légat du pape « Conrad. »

Je ne trouve pas d'ironie dans cette association, mais au contraire quelque chose de singulièrement réconfortant, car elle nous prouve que l'Eglise et la République peuvent s'entendre et s'aider mutuellement à faire le bonheur du monde, en faisant son progrès spirituel et matériel à la fois.

Voilà les considérations générales que j'avais à formuler. Voulez-vous que j'entre très rapidement dans le détail ?

La durée de la fréquentation scolaire,
Quand elle peut finir

Actuellement, la période scolaire va de dix à treize ans. Elle peut même s'arrêter à douze ans si, à cet âge, l'enfant a obtenu le certificat d'études. Désormais, la période scolaire ira de six à quatorze ans ; qu'il obtienne ou qu'il n'obtienne pas un certificat d'études, l'enfant devra rester jusqu'à quatorze ans.

Ici, je me permettrai de faire une objection. Je regrette que le certificat d'études n'amène pas avec lui la libération de la période scolaire...

M. MULAC. — Pour ce qu'il vaut ce certificat !

M. DE LAS CASES. — Je pensais que le certificat scolaire était une excellente chose, car il poussait un enfant à gagner un an dans ses études ; il lui donnait de l'émulation. Qu'est ce qui fait le bon écolier ? Ce n'est pas d'être resté jusqu'à quatorze ans, durant huit années, sur les bancs de l'école primaire ; c'est d'en être sorti avec quelques connaissances, avec un certain savoir. Quand un enfant, à douze ans, a fait le tour du programme, quand il l'a bien connu, conçu et développé, quand il a montré dans ses examens qu'il le possédait suffisamment, pourquoi, à ce moment-là, ne pas le rendre au plus tôt à la liberté ? Vous lui permettriez de se donner immédiatement à l'apprentissage ou au préapprentissage.

On doit penser également à la famille de cet enfant. Celle-ci l'a aidé par le concours qu'elle lui a donné. J'ai toujours remarqué que les premiers dans les classes avaient derrière eux des parents qui se préoccupaient de leurs cours, de leur application, de leurs examens, qui les poussaient, qui, en un mot, les encourageaient.

M. JÉNOUVRIER. — C'est la collaboration nécessaire !

M. DE LAS CASES. — J'ai remarqué également que les enfants qui n'avaient pas cette collaboration du père et de la mère étaient facilement dans les derniers.

Lorsque l'enfant arrive au certificat d'études à l'âge de douze ans, je vois derrière lui la collaboration du père. Pourquoi ne pas le rendre à ce père, non pas pour que celui-ci l'abandonne à l'oisiveté, mais pour qu'il en fasse le plus rapidement possible un apprenti, afin qu'il devienne un bon ouvrier ? (*Très bien ! très bien ! au centre et à droite.*)

Nécessité de l'apprentissage

Vous avez tort de retarder, plus peut-être qu'il ne convient, le moment où cet enfant, après avoir été un apprenti, pourra devenir, plus jeune, un ouvrier meilleur, plus capable, plus averti et par suite mieux rémunéré.

Mais que deviendra cet enfant libéré de l'école à douze ou treize ans, se demande M. le rapporteur?

Cet enfant sera, ou bien un enfant des villes, ou bien un enfant des campagnes. Je dois faire cette distinction, sans laquelle peut-être je ne saurais m'expliquer d'une façon assez claire.

Si vous êtes en face d'un enfant des villes, prenez garde, dit M. le rapporteur; s'il est rendu trop tôt à sa famille, il vagabondera dans les rues, il sera un de ces petits malheureux qui échouaient autrefois sur les bancs d'un tribunal correctionnel et qui, aujourd'hui, grâce à nos lois, grâce à l'initiative d'un homme de bien, que tous ceux qui le connaissent aiment et révèrent, M. Rollet, (*Très bien ! à droite*), vont aujourd'hui simplement devant un tribunal d'enfants.

Est-ce bien vrai? Ah! de telles craintes sont légitimes en face d'un mauvais élève. Mais lorsque vous aurez donné à l'âge de douze ans un brevet à un enfant qui aura passé le certificat d'études, il faut songer non pas seulement à cet enfant intelligent et laborieux, mais aussi à sa famille qui s'est occupée de lui et qui prouve qu'elle aussi est une élite.

Croyez-vous que, si vous offrez à cet enfant et à sa famille un moyen de compléter ses études et de devenir rapidement un apprenti sérieux, ils ne le saisiront pas?

Alors ouvrons les portes d'une école où notre jeune écolier pourra faire du préapprentissage, afin de devenir, non pas à dix-huit ans, mais à quinze ou seize, un ouvrier sérieux. (*Approbation au centre et à droite.*) Tout le monde y trouvera son profit: l'enfant, parce qu'il aura un métier qu'il aura pu apprendre d'autant mieux qu'il est sorti plus rapidement de l'école, et qu'il a plus de temps devant lui ; le père et la famille aussi. Cet enfant pourra être conservé auprès de sa famille jusqu'au moment de son service militaire ou de son mariage. Il procurera à cette famille le bénéfice, souvent indispensable à des pauvres gens, d'un gain meilleur obtenu grâce au préapprentissage et à l'apprentissage. Resté simple manœuvre, il aurait moins gagné. Souvent la famille ne peut pas attendre jusqu'à dix-sept et dix-huit ans, le petit gain aidant à donner du pain à la nichée.

M. Dominique Delahaye. — Surtout dans les familles nombreuses.

Enfants des campagnes

M. de Las Cases. — Passons maintenant aux enfants des campagnes. Ici, le problème est encore plus précis, la solution plus formelle et plus facile.

L'enfant des campagnes, oh! messieurs, il est bien utile aujourd'hui, pendant la saison d'été, à l'agriculture. Savez-vous ce qui préoccupe les fermiers, les métayers, les petits propriétaires et les petits cultivateurs ? C'est le manque de main-d'œuvre. Il n'y en a plus ; et comment y en aurait-il encore ?

Déjà, avant la guerre, on désertait les campagnes pour les villes. Aujourd'hui, on y est attiré par les gros salaires, au moins momentanés, et payés fort cher par les chômages qui s'ensuivent. Quand nous allons apporter notre hommage aux monuments des morts, combien de vides, hélas ? constatons-nous ? Il y a des communes qui ont perdu le cinquième de leurs enfants ; d'autres le quart ; j'en connais qui en ont perdu le tiers. Bien souvent, j'ai été frappé, dans nos campagnes, de ce spectacle douloureux : un char partant pour la moisson ou pour le fanage, et, autour de ce char, un vieillard, une femme, un enfant de treize ou quatorze ans. Voilà la main-d'œuvre qui, pendant l'été, est indispensable à nos campagnes. (*Très bien ! très bien ! au centre et à droite.*)

M. JÉNOUVRIER. — Il n'y en a pas d'autre.

Pensons aux Agriculteurs.

M. DE LAS CASES. — Si vous voulez que l'agriculteur puisse vivre ; si vous voulez qu'il ne déserte pas son champ ou son pré, ne lui enlevez pas son enfant, quand cet enfant, ayant passé son examen à treize ans, est capable de l'aider pendant la saison d'été. (*Applaudissements sur les mêmes bancs*).

Allons-nous donc dire à cet enfant : « A partir de « treize ans, puisque tu as passé l'examen nécessaire, tu « ne feras plus rien, tu ne cultivera plus ton intelligence » ? « Non, sans doute. Un moyen a été employé dans bien des pays avec succès ; les enfants sortant à la fin de la période scolaire ne cessent pas pour cela de s'instruire. A côté des périodes que l'on peut appeler les saisons de travail, il y a la morte-saison qui peut devenir par le travail intellectuel une saison de vie, une saison féconde. Il faut l'utiliser en envoyant l'enfant dans des fermes-écoles ou dans ces centres agricoles qui sont si utiles, et avec lesquels on peut faire tant de bien, pour peu que l'on groupe autour de soi des aides intelligents et bienveillants. Là, les enfants peuvent, pendant l'hiver, parfaire leur éducation.

Dans quelques départements, on trouve déjà des centres de ce genre où les enfants vont, pendant l'hiver, passer quatre ou cinq mois. Ils y perfectionnent leur instruction, en rapportent une conception plus haute de la vie, et apprennent à être des chefs d'exploitation. Ils reviennent ensuite passer les six mois d'été dans leur famille, et travaillent de leur corps après avoir travaillé de leur esprit; l'un aidant à l'autre, la santé est parfaite.

Le Danemark, pays petit par son étendue, mais très grand par son développement intellectuel, a résolu le même problème. En Danemark, sur 4 millions d'habitants, il y a 2 millions de cultivateurs. De toutes les nations, le Danemark est celui qui contient le moins d'illettrés: sur 10.000 habitants, il n'en compte que quatre.

Il y a là entre journaliers et bourgeois, une classe intermédiaire qui s'élève chaque jour davantage c'est la classe des paysans.

Les jeunes Danois qui ont terminé la période scolaire s'en vont, pendant l'hiver, dans des écoles que l'on appelle écoles supérieures paysannes. Là, ils complètent leur éducation, apprennent ce qui est nécessaire à l'agriculture : la chimie, la physique, la botanique. On leur donne même des notions économiques.

Ce qui a été fait là-bas, on peut le faire ici aussi. Vous en sentez si bien le besoin que, dans votre projet, vous concédez : « l'inspecteur primaire pourra accor-
« der deux ou quatre mois de plus de congé aux écoliers
« qui lui en font la demande; on pourra leur donner

« cette faveur ». Eh bien, moi, je n'aime pas beaucoup le mot « faveur »; je lui préfère le mot « droit ». Je préférerais que l'enfant ayant passé son examen, eût le droit de travailler comme il l'entend pendant l'intervalle des saisons. Croyez bien que si l'inspecteur primaire accorde deux ou quatres mois à un enfant, et non à un autre vous ferez des jaloux. Quant à l'inspecteur primaire, le cadeau que vous lui apporterez est peu désirable. Si impartial qu'il sera, ceux qui n'auront pas profité de la faveur ne croiront pas à son impartialité.

Pénalités excessives

Puis arrivent les pénalités. Elles sont de deux sortes. Il y a d'abord un certificat d'inscription. Tous les enfants devront se faire inscrire dès qu'ils arriveront à l'âge scolaire, ou plutôt leurs pères devront les faire inscrire. Est-ce utile pour les campagnes ?

On nous a déclaré que non, car, dans les petites communes, le maire connaît tous les enfants qui sont arrivés à l'âge scolaire. Alors pourquoi imposer cette formalité aux campagnards ?

On l'impose, nous dit on, parce que le paysan acceptera aisément cette nouvelle contrainte. On le contraint bien à faire la déclaration de son bœuf, de son cheval, de son chien ou de sa voiture. Je suis de ceux qui n'aiment pas surcharger la loi par des gênes, même légères. Elles constituent souvent le grain de sable qui rend la machine inutilisable. Puis, la comparaison de l'enfant avec le bœuf, le cheval ou le chien, ne sera guère goûtée du père de famille.

Mais la loi va plus loin : Pour qu'aucun enfant n'échappe à l'obligation, le voisin aura le droit de se rendre à la mairie et d'y demander la liste des inscrits à la scolarité.

M. Damecour. — Le voisin se fera gendarme !

M. DE LAS CASES. — Je crains un autre mot, un mot que l'on n'aime pas en France. Le voisin ne se fera pas gendarme, mais mouchard seulement. (*Approbation à droite.*) J'espère qu'il y en aura peu, et c'est pourquoi cette disposition est à supprimer, pour l'excellente raison qu'elle n'ajoute ni grandeur ni générosité à la loi et qu'elle ne produira rien pratiquement.

M. HERVEY. — Il y a bien des états-civils dans les mairies ! Ne permettraient-ils pas d'éviter cette innovation regrettable ?

Pénalités Correctionnelles

M. DE LAS CASES. — Certes, une loi ne peut exister que si elle contient des sanctions; encore les faut-il appropriées. Votre projet donne au président du tribunal le droit de frapper le père de famille des pénalités de l'article 24 du code pénal. Or il s'agit des pénalités de police correctionnelle.

Voici un père de famille qui n'a pas pu surveiller son enfant, et le gamin a fait l'école buissonnière. Ou bien — cela peut se rencontrer — voilà un père de famille qui ne gagne pas assez pour nourrir sa famille. On lui a offert de prendre son enfant pendant deux ou trois mois d'été. L'enfant va être privé ainsi d'une partie des classes, mais il y aura un peu plus de pain à la huche. Eh bien ! ce père qui a cédé à la nécessité, on le condamnera comme un escroc, comme un voleur ? L'article 42, il faut le rayer de votre loi, car on ne peut comparer des choses qui ne sont pas comparables, on ne peut assimiler le père de famille qui, par misère, est obligé de ne pas envoyer son enfant à l'école, au voleur et à l'escroc puni d'une peine correctionnelle.

M. BOUVERI. — Vous le faites bien pour les conseils de revision ! Pourquoi ne le feriez-vous pas pour l'école ?

M. DE LAS CASES. — S'il faut une sanction, ce doit être

l'amende. Elle sera très opérante lorsque nous nous trouverons en présence d'un père de famille qui cédera non pas au besoin, mais à l'égoïsme — ces pères de famille sont rares, heureusement, mais il y en a — et qui fera travailler son enfant, alors qu'il pourrait l'envoyer à l'école et se passer de son petit gain. Un père de famille comme celui-là, vous le retiendrez par l'amende, parce qu'elle lui enlèvera le bénéfice qu'il aurait pu retirer de l'exploitation de son fils. Mais n'allez pas plus loin ! Vous avez d'ailleurs si bien compris le caractère qu'il fallait donner aux sanctions que vous avez déjà supprimé la prison.

Persuader vaut mieux que frapper

La loi qui nous est proposée est une loi sociale, et les lois sociales ne sont applicables qu'à une condition, c'est qu'avant d'arriver à la coercition, on ait eu recours à la persuasion. Lorsque tout un pays refuse une loi sociale, elle n'est pas applicable. Lorsqu'il n'y a plus qu'une portion très minime de ce pays qui refuse cette même loi, alors les sanctions sont possibles.

La méthode qui consiste à convaincre avant d'appliquer de ssanctions, d'ailleurs modérées, n'est-elle pas la meilleure ? Croit-on que nos pères de famille ne se préoccupent pas de l'avenir de leurs enfants, que leur égoïsme soit supérieur à leur affection ? (*Très bien ! très bien !*) Le père de famille français ? il n'y a peut-être pas de type plus beau de paternité. M. Léon Bourgeois défendant la loi des pupilles de la nation, disait à cette « tribune : « Que voudrait-donc le père de famille mort « pour la France ? Que l'on fasse pour ses enfants ce qu'il « aurait fait lui-même. » Et avec cette psychologie chari- « table et bienveillante qui est un des caractères de son « admirable talent, M. Léon Bourgeois ajoutait : « Ce que « veut le père de famille, c'est améliorer le sort de son

« fils par rapport au sien propre. » (*Très bien! très bien!*)
il veut que son enfant monte d'un degré dans l'échelle
sociale. Il peine, il économise sou par sou, il met de côté
ce qui est nécessaire à l'éducation du petit.

Et c'est par ce double courant, celui d'en haut, qui
diminue quand les hautes classes ne sont plus capables
de remplir leur devoir, et celui d'en bas, que s'élève
ainsi, vit, prospère et se renouvelle une démocratie
véritable et féconde.

Pour ses enfants, le père rêve le bonheur. N'est-ce
pas le cri qui sortait des tranchées ? Quand on demandait aux soldats ce qu'ils pensaient de cette guerre
et pourquoi ils voulaient la faire jusqu'au bout, ils répon-
daient : « Nous souffrons, la vie est dure, la mort plane
« perpétuellement sur nous, nous subissons des sacrifi-
« ces de toutes sortes, mais nous les subissons et nous
« donnerons notre vie avec bonheur pour que nos gos-
« ses, après la victoire, ne connaissent pas du moins
« nos affres et nos angoisses. »

Faisons confiance à l'amour paternel

L'amour du père pour son fils, voilà une des grandes
qualités de l'âme Française. Songeons donc à en profiter.
Ne parlons pas au père de sanctions, de pénalités, mais de
son amour pour ses enfants. Montrons-lui que l'intérêt
de ses enfants est aussi le sien. Disons-lui que l'enfant
qui n'a pas suivi un apprentissage lui permettant de devenir un ouvrier de premier ordre sera toujours misérable ; que celui, au contraire, qui aura travaillé et passé
trois ou quatre ans à faire un bon apprenti pour devenir un bon ouvrier, considéré dans son métier,
trouvera toujours des emplois lucratifs et honorables,
Il pourra subvenir, tant qu'il sera garçon, au besoin
de ses parents. Ensuite à ceux d'une famille nombreuse
et prospère. Voilà la véritable solution.

Nécessité de l'Ecole libre

Si vous voulez que l'instruction se répande en France, il faut aussi que chaque père de famille puisse faire donner facilement à son enfant l'éducation et l'instruction qu'il désire, qu'il puisse lui faire acquérir commodément la même mentalité, les mêmes convictions, la même foi, les mêmes croyances qu'il a reçues de ses pères et qu'il considère comme nécessaires à l'éléva'ion du caractère de son enfant.

Ce n'est peu-être pas impossible à réaliser. Nombreuses sont les nations qui, après bien des luttes, ont obtenu que l'école fût, toutes les fois que cela sera possible, ouverte à toutes les religions, à toutes les confessions. Il y a des traités de paix qui s'en préoccupent. N'avons-nous pas dit à la petite Entente:

« Faites attention ! si vous voulez vraiment être
« des peuples civilisés, il faut partout où vous le pourrez,
« créer au profit de tous les groupements ethniques de
« minorités suffisantes, des écoles payées par l'Etat. »

Nous qui avons imposé, avec raison, de pareilles lois aux autres, ne devons nous pas nous les appliquer ?

Est-ce donc là une chose si difficile ? Est-ce que dans les tranchées, nos prêtres et nos instituteurs n'ont pas, en se rencontrant, compris que bien des préjugés disparaissaient ? Est-ce que nous considérerons toujours les deux écoles, l'école privée et l'école publique, comme des ennemis ?

M. Jénouvier. — Ce sont des collaboratrices.

Faisons la paix scolaire par le respect de tous.

M. de Las Cases. — On a dit aussi des concurrentes, mais je n'aime pas ce mot parce qu'il a quelque chose de mercantile et d'absolument déplacé, s'agissant d'une vocation qui demande du dévouement. L'âme de l'enfant n'est pas une marchandise.

Lorsque nous le voudrons, ne sera-t-il pas facile de faire sur ce point la paix complète, de chercher dans le passé ce qui peut nous réunir, au lieu de ce qui peut nous diviser ?

Bossuet et Rabelais

Tenez, on a fait cette année l'éloge de deux hommes bien différents. L'un Bossuet : un grand génie, l'homme de la foi, l'homme de l'unité, l'homme de la hiérarchie, l'admirable dessinateur de l'histoire universelle, orateur toujours éloquent, soit qu'il enveloppe sa parole d'un magnifique manteau de cour, soit au contraire, quand comme dans *les Méditations*, il donne encor à sa pensée plus de force, plus d'émotion, parce qu'elle est exprimée d'une façon plus simple, plus commune, mais non pas terre à terre, car dans Bossuet il n'y a jamais rien de terre à terre, c'est l'aigle qui vole, qui plane toujours au plus haut des cieux. L'autre, Rabelais, tout différent, homme de génie aussi, à la pensée très libre, qui n'accepte pas comme choses acquises les idées ou les doctrines parce qu'elles sont celles de la majorité, homme qui sonde tout, qui voit tout, qui se pré occupe peu de savoir si telle théorie est à la mode et qui la sape si, par hasard, elle est, d'après lui, contraire à la raison ; un homme enfin qui ne s'exprime pas de la même façon que Bossuet, bien au contraire, qui enveloppe sous des formes gaies, comiques, presque triviales, les pensées les plus profondes, un homme qui barde sa pensée comme d'une cuirasse, de ce qu'il appelle « la haulte graisse ». Bossuet, Rabelais, ces deux hommes ont été l'objet d'un éloge unique. Le premier a été loué sans qu'un protestant, un libre penseur — on disait alors, je crois, un libertin — ou

même un républicain très avancé, mais sans parti
pris puisse trouver dans sa louange une ligne qui puisse
le blesser ; le second a été l'objet d'une oraison funèbre
telle que le catholique le plus chatouilleux, le censeur le
plus pudibond et le plus chaste ne peut y trouver un mot
qui le froisse.

Ah ! je sais bien que je ne peux pas demander à tous
les instituteurs d'avoir l'esprit et la culture de M.
le ministre de l'instruction publique. Ce que je leur de-
manderai seulement, c'est de s'inspirer de son esprit, c'est
de se dire qu'on peut avoir des idées différentes de celles
du voisin, et néanmoins ne blesser personne, et que
le rôle de l'école c'est de faire de la pacification scolaire
pour arriver à la pacification religieuse. C'est cette double pacification que j'ai toujours cherchée à cette
tribune, que je chercherai toujours. Quoi qu'on dise et
quoi qu'on fasse, je travaillerai à cette œuvre parce que
je la crois utile.

Lorsque la paix sera faite, il n'y aura ni vainqueur
ni vaincu, ce sera le triomphe de la liberté, de la concorde et de l'amour fraternel. (*Applaudissements à
droite et au centre. — L'orateur en revenant à sa
place, est félicité par ses amis.*)

Education physique et Préparation militaire

Discussion du 9 Juillet 1920. — Sénat.

Obligation scolaire et post-scolaire

Il y a une distinction à faire entre l'obligation scolaire et l'obligation post scolaire ; ce qui peut, dans une certaine mesure, nous émouvoir, c'est l'obligation en nature d'éducation physique post-scolaire.

Pour l'éducation scolaire, nous sommes, j'imagine, tous d'accord sur le principe. M. Chéron, qui est un apôtre et défend de si bonnes causes avec tant d'ardeur et de juvénilité, est de notre avis sur ce point. Nous voulons tous l'amélioration de la race, et celle-ci sera la conséquence d'une meilleure éducation physique.

En ce qui regarde l'âge scolaire, voici très nettement mon opinion : elle est celle de Monsieur le Ministre de l'Instruction Publique. On a peut-être trop oublié en France l'utilité de la formation physique des jeunes gens et des jeunes filles, on l'a oublié, dans les écoles primaires comme dans l'enseignement secondaire, on ne s'est pas assez rendu compte que plus on demandait à un jeune cerveau de travail personnel, plus il était nécessaire d'empêcher sa congestion par une éducation et des exercices physiques.

Chez les Frères des Ecoles chrétiennes

Tout le monde ne l'a pas oublié, il y avait des professeurs et des éducateurs qui avaient poussé très loin le souci du développement physique. Voulez-vous me permettre un souvenir ; j'aime mieux ne pas vous dire à combien il remonte *(sourires)*, mais vers 1864 ou

1865, j'ai été l'élève des Frères des Ecoles Chrétiennes de Passy.

M. le RAPPORTEUR. — Ils ont fait un très brillant élève.

M. DE LAS CASES. — Non, je n'étais pas un brillant élève. Mais cela ne vous étonnera pas en voyant la sveltesse de ma taille *(sourires)*. j'étais assez remarquable au point de vue physique à cette époque, comme vous, mon cher Rapporteur (*rires et applaudissements*).

Je me rappelle que chez les Frères, le développement était parfaitement en honneur, on ne faisait pas les mêmes exercices pour tous les âges, on changeait, on variait, on savait qu'en matière d'éducation physique il faut tenir compte des situations et des âges différents, on ne pensait pas, comme certains majors de régiments dont on prétend qu'ils n'ont qu'un remède et qu'un diagnostic. Quand ils possèdent de l'ipécacuanha, ils ont tout ce qu'il faut pour soigner les malades (*hilarité*).

Quand nous étions tout petits, on nous faisait faire des exercices de bras et de jambes. Un peu plus tard, on nous faisait faire du trapèze, des anneaux, la planche mouvante et savonnée ; on nous faisait monter à la corde et même au mât.

Je me rappelle que, pour exercer notre émulation, lorsque nous avions acquis une certaine expérience, nous avions le droit de figurer dans une réunion solennelle où tous les parents venaient admirer l'agilité de leurs enfants les larmes aux yeux. J'ai vu là M. le Ministre de l'Instruction Publique d'alors, M. Victor Duruy, rendre aux Frères des Ecoles Chrétiennes, pour l'éducation physique et d'ailleurs, pour toute l'éducation en général, l'hommage qu'ils méritaient. (*Très bien, très bien !*)

J'ai quelque fois, depuis, obtenu de ces couronnes en carton que nos mamans, en pleurant, mettaient sur nos cheveux ; je ne me souviens plus de celles-là, mais je me souviens qu'au concours de gymnastique de 1863, j'avais été considéré comme un très bon élève et que j'avais fait, devant M. Victor Duruy, ainsi que devant ma mère très émue, des tours sur le trapèze. (*Très bien, très bien !*)

Les Frères et l'Education physique

Cette éducation physique a été mise parfaitement en honneur par les Frères des Ecoles Chrétiennes, et, le jour où nous les rappellerons, mon cher Monsieur Chéron, vous et moi, soyez persuadé que nous trouverons là des maîtres tout indiqués, pour donner aux jeunes générations l'éducation physique qui leur sera nécessaire (*Très bien ! très bien !*)

Mais, s'il faut porter à un degré plus accentué l'éducation physique, dans les collèges, pour les jeunes filles et pour les jeunes gens, est-il bien nécessaire d'en faire une obligation aux jeunes filles à partir de l'âge de 13 ans jusqu'à 17 ans. Non, nous sommes d'accord sur ce point puisque vous y avez renoncé.

Pour les jeunes gens, c'est à l'école secondaire qu'il faudra leur donner cette éducation physique et obtenir d'eux qu'ils s'habituent à une tenue qui, on le disait tout à l'heure, sera de nature à développer leur thorax et surtout leurs poumons,

Quel est votre programme pour les Ecoles secondaires

Comment ferez-vous cette éducation ? C'est ce que je demandais à M. le Rapporteur. Votre projet ne donne que des idées générales. J'aimerais bien qu'on entrât un peu dans les détails et qu'on nous dise quels seront, après la période scolaire, les exercices exigés de nos jeunes gens. Je laisse, bien entendu, les jeunes filles, puisqu'il est convenu que nous ne nous en occupons pas ; vous pensez qu'il leur suffira d'avoir cotillon simple et souliers plats comme Perrette et vous trouvez inutile de leur imposer le costume d'Isadora Duncan (*sourires*).

Comment ferez-vous cette éducation physique à l'école secondaire, pendant combien de temps exercerez-vous les jeunes gens, comment et où les exercerez-vous, comment aurez-vous les écoles qui leur permettront, après l'âge de 15 ans, de suivre de nouveaux cours, sera-ce alors l'obligation très dure, ou, au contraire, la faculté la plus large. Vous adresserez-vous surtout, ce à quoi je vous convie, aux associations qui prendront ces jeunes gens pour les grouper et obtiendront ainsi d'eux infiniment plus qu'on ne le ferait par l'obligation (*Très bien ! très bien !*)

N'abusons pas inutilement de l'obligation

Mazarin a dit : « Ils chantent, donc ils paieront ». Il indiquait par là une des qualités ou un des défauts de notre race. J'aime tant notre race que je n'y vois jamais que des qualités dont l'une est cette horreur de l'obligation, ce dégoût de faire ce qui est commandé et cette volonté, cette énergie de faire ce qui paraît bon et utile sous la seule impulsion de ce qu'on considère comme une faculté (*Très bien ! très bien ! sur divers bancs*).

Pour moi, c'est en vous adressant aux associations, en les aidant, que vous développerez l'éducation physique ; ne croyez pas d'ailleurs que le manque de formation physique soit la seule cause de la dégénérescence d'une race. Quand nous voyons passer dans la rue ces jeunes gens de 14 ou 15 ans dont les yeux sont creux, la figure hâve et la pâleur caractéristique.

Quand nous les voyons au dessous de la taille qu'ils devraient avoir à cet âge, nous avons un serrement de cœur. Nous pensons alors que la maladie qui les mine est bien souvent dûe à la faute des parents, à l'alcoolisme, au vice, à la débauche (*Très bien ! très bien !*)

Voilà aussi contre quoi il faut lutter. On avait raison de le dire tout à l'heure, le côté moral joue un grand rôle dans la santé d'un peuple. Quand vous aurez remédié à la crise des logements, transformé les mœurs des pères de famille qui boivent trop d'alcool et ne donnent pas assez de pain ni de viande à leurs enfants, vous aurez fait beaucoup. De même le jour où l'on aura compris ce qu'il peut y avoir de salutaire pour la santé et l'éducation dans ces colonies de vacances qui envoient jeunes filles ou jeunes garçons à la campagne ou à la montagne, ce qui leur apprendra en même temps à jouir du grand air, et pour les jeunes filles à mettre en pratique les principes des écoles ménagères, vous aurez fait beaucoup.

Aidez ces œuvres, n'y voyez pas de concurrents ennemis, mais seulement des gens qui aiment la France et veulent se dévouer à la patrie en travaillant pour le bonheur et le bien-être des enfants (*Applaudissements*).

Messieurs, la loi en discussion est si excellente que j'éprouve presque la crainte que son auteur ait voulu trop bien faire et je me demande si le mieux ne serait pas l'ennemi du bien.

Que coûtera cette loi. — Soyons économes

Je songe ici à une question dont on n'a pas parlé, quel va être le coût de cette loi. Il ne faudrait pas à cet égard faire des dépenses excessives. On prévoit un Conseil supérieur de l'éducation physique, huit professeurs de l'éducation physique, toute une série de fonctionnaires de l'éducation physique, en attendant, bien entendu, un ministère de l'éducation physique.

Je me demande s'il n'y a pas là un excès de dépenses, de nature à nuire à la loi, et s'il ne conviendrait pas de se limiter à des frais aussi minimes que possible.

On peut donner en effet une éducation physique très suffisante aux enfants sans dépenser de fortes sommes; Il n'y a pas que la gymnastique d'agrès qui forme, il y a aussi la gymnastique suédoise.

Je vous parlais, vous me l'avez pardonné n'est-ce pas, de mes succès d'autrefois, mais cela me rappelle une autre histoire:

A la fin de l'Empire, il y avait un gymnaste, Léotard, qui, dans les cirques, avait autant de succès que Mlle Schneider aux Variétés (*sourires*).

On le suivait partout, il faisait le succès des établissements dans lesquels il se livrait à la voltige.

Un jour, chez un grand médecin, arrive un homme svelte, grand, maigre, les yeux fatigués, la figure hâve, ayant ce qu'on appelle aujourd'hui tous les signes de la neurasthénie, souffrant de l'estomac et demandant une consultation. Le grand médecin l'étudie, lui fait passer un conseil de révision et lui dit : Monsieur, je ne connais qu'un remède pour vous, un seul. Si vous voulez suivre mon conseil, je vous guérirai. Ce qu'il vous faut, et il n'y a que cela qui puisse vous sauver, c'est de faire de la gymnastique. Et le malade de lui dire : S'il n'y a que cela qui puisse me sauver, je suis un homme perdu, car je suis Léotard et je fais de la voltige tous les soirs (*sourires*).

La gymnastique d'agrès ne donne pas le salut, ce que je crois infiniment plus utile, c'est plutôt la gymnastique suédoise, les mouvements rationnels.

La gymnastique suédoise

J'étais tenté de vous apporter le petit livre que j'ai acheté pour m'initier à la gymnastique suédoise. Je vous aurais avoué que je n'ai pas bien souvent le courage de le suivre, en quoi je sais avoir tort. Je vous aurais démontré comment, sans dépenses, sans recourir à l'acquisition de stades, sans installer d'énormes hangars sous lesquels on fera de l'acrobatie et sans avoir quantité d'engins, rien qu'avec des mouvements appropriés et choisis, un professeur un peu intelligent peut donner à ses élèves d'excellentes leçons et rectifier ce qu'ils ont de mauvais dans leur constitution.

La voilà la gymnastique de l'avenir. Si vous voulez, au contraire, engager de fortes dépenses, vous arriverez au découragement et au désenchantement. Nos campagnards ne sont pas tentés de voir inscrire au budget des millions et des millions pour faire de l'éducation physique lorsqu'ils voient leurs enfants gagner une santé toujours excellente dans les travaux des champs. Si vous ne leur demandez rien ou presque rien, ils s'habitueront, si vous leur demandez beaucoup, ils vous objecterons qu'il veulent bien faire tous les sacrifices financiers indispensables mais rien que ceux-là, Ils vous diront : vous avez voté 8 milliards d'impôts nouveaux, nous sentons que cela était nécessaire, que la France devait montrer un courage fiscal aussi grand que son courage militaire pour que notre crédit reprenne à travers le monde la place à laquelle il a droit. (*Très bien ! très bien !*) mais ils ajouteront : si pour des exercices physiques, pour des trapèzes, des agrès, pour des engins de gymnastique nous sommes obligés de faire de nouvelles dépenses, ce sera du gaspillage parce que ce sera inutile.

Voilà donc ce que je vous demande : Faites de l'édu-

cation physique pratique, mais tâchez du moins de la
faire aussi éconmoiuqement que vous le pourrez.

Tâchons de diminuer la durée du Service militaire

Quant à la préparation militaire qui suivra, M. le Ministre nous disait que, grâce à elle, nous pourrions diminuer la durée du serviee. Dieu vous entende! La diminution du service militaire dans un pays qui a besoin de tous ses bras, est désirable. Toutefois, ne nous laissons pas aller à un mirage qui pourrait conduire à de terribles désillusions, ne soyons pas un peu trop convaincus que nous pourrons diminuer le service militaire uniquement avec la gymnastique. D'autres éléments sont aussi nécessaires: s'assurer des alliances utiles et puissantes et obtenir un désarmement réel de l'Allemagne, voilà la solution (*Applaudissements au centre et à droite*).

c) DISCOURS

au

CONSEIL GÉNÉRAL

et à

différents Monuments des Morts

CONSEIL GÉNÉRAL DE LA LOZÈRE

Séance du 12 Janvier 1920

ÉLECTION DU PRÉSIDENT

Votants.......................... 24

Bulletins trouvés dans l'urne....... 24

Suffrages exprimés.............. 24

Majorité absolue................ 13

A obtenu :

Monsieur Emmanuel de Las Cases......... 24 voix.

En conséquence, Monsieur Em. de Las Cases est proclamé Président du Conseil général.

Discours de M. de Las Cases, Sénateur,
Président

Le Bureau étant constitué, M. Em. de Las Cases prend place au fauteuil de la Présidence et prononce le discours suivant:

MESSIEURS ET CHERS COLLÈGUES,

L'élection à laquelle vous venez de procéder m'est particulièrement douce, car elle suppose notre entente et je dois tout d'abord vous en remercier d'un cœur ému.

Vos prédécesseurs depuis dix ans m'ont accoutumé à une indulgente bienveillance qui m'a rendu ma tâche facile et a évité parmi nous tous heurts et toutes difficultés.

Je vous prie de me continuer cette sympathie qui m'est précieuse et à laquelle je m'efforcerai de répondre par la plus absolue impartialité.

C'est l'apanage de votre Président de saluer la bienvenue aux nouveaux élus. Je commencerai toutefois, par les anciens.

Beaucoup d'entre vous ont, pendant la longue guerre servi leur pays loin de leurs électeurs et du département.

Hauts fonctionnaires de la justice, parlementaires, officiers ou soldats, médecins soignant les malades dans les hôpitaux ou volontaires de la charité, les administrant. Nombre d'entre nous n'ont pu, retenus par leur mission habiter autant qu'ils l'eussent voulu dans leur canton. Nos électeurs aiment voir leurs représentants souvent au milieu d'eux, pouvoir à chaque instant nous consulter, nous entretenir de leurs difficultés et de leurs besoins.

Une longue absence pouvait détourner de vous leur vote : mais le Lozérien a l'âme trop haute et l'esprit trop intelligent pour ne pas comprendre que servir sa grande patrie c'est avant tout servir sa petite et voilà comment tant d'entre nos anciens se retrouvent aujourd'hui parmi nous..

....

....

On parle beaucoup, Messieurs, de l'utilité des compétences à l'heure actuelle on a raison. Un homme compétent est une valeur et d'une valeur semblable les Conseils de l'État et du Département ont le plus grand besoin.

Quand je jette un coup d'œil sur notre Conseil Général, j'admire la sagacité de nos électeurs qui l'ont formé de telle façon que sur toutes les questions que nous aurons à traiter nous trouvons parmi nos nouveaux collègues des hommes capables de nous éclairer.

M. de Las Cases ensuite souhaite la bienvenue à chacun des nouveaux élus puis il ajoute :

Messieurs, quand nos soldats étaient aux tranchées, ceux qui, la veille, se combattaient : instituteurs et religieux, riches et pauvres, protestants, israélites et catholiques, n'avaient plus qu'une pensée: ils étaient Français ; la main dans la main, ils sentaient palpiter l'âme de la vieille France.

Ensemble ils luttaient, ensemble ils étaient frappés, ensemble ils remportaient la victoire. Pourquoi donc faire cesser, parce que la guerre est finie, cette union de cœur qui a fait de notre pays, le pays le plus admirable du monde, l'époque que nous traversons, la plus fertile en deuil, mais aussi la plus fertile en gloire qu'ait vu l'univers.

La tâche n'est pas finie, une autre commence : il faut remettre sur pied nos finances, à force d'économie, surtout à force de travail, à force de générosité chez les uns, à force de confiance chez les autres. Il faut laisser de côté les discussions purement égoïstes qui nous séparaient. Faire l'union, c'est ne demander à personne d'abandonner sa foi, ses croyances, son idéal, mais c'est demander à tous, non la tolérance pour les idées d'autrui, mais mieux le respect pour les convictions qu'on ne partage pas et devant lesquelles cependant, quand elles sont sincères, il faut s'incliner, c'est laisser de côté les vaines disputes, ne pas chercher ce qui peut nous éloigner les uns des autres, mais ce qui nous rapproche. Et ce qui nous rapprochait pendant la guerre doit nous rapprocher dans la paix : l'union de notre grande et petite Patrie.

Quels hommes admirables nous côtoyons dans nos montagnes; En entrant dans ces chaumières si simples, en voyant ces hommes qui donnent toute leur vie à la plus rude des tâches, qui ne cherchent aucun plaisir, qui vivent si sobrement, qui travaillent si ardemment, qui sont soutenus par cette haute pensée qu'une Nation ne vit pas si elle n'a le pain et la nourriture nécessaires, j'éprouvais, Messieurs, les mêmes sentiments qu'exprimait un général devant ses hommes, sortant de la tranchée : Quand ceux-là passent il faut se mettre à genoux.

Faisons mieux à nos chers paysans, donnons nos forces, notre travail de chaque minute, notre dévouement.

Quelle plus belle tâche pour les jeunes d'entre nous; Pour nous, les vieux quelle consolation de nous dire qué si nous pouvons, avant de mourir, faire un peu de bien autour de nous, ceux qui viendront sur notre tombe jeter une prière ne seront point forcés de nous appliquer les vers du poëte national :

Encore une étoile qui file, qui file et disparaît.

(Applaudissements unanimes).

QUESTIONS FINANCIÈRES

CONSEIL GÉNÉRAL DE LA LOZÈRE

UN DISCOURS
de M. de Las Cases

(Avenir du Puy-de-Dôme, 10 mai 1920)

A l'ouverture de la session du Conseil Général de la Lozère, lundi dernier, M. de Las Cases, sénateur, président a prononcé l'intéressant discours suivant :

Mes chers Collègues,

Nos populations réclament avec insistance des moyens de communication plus nombreux et mieux entretenus. Sans eux, les richesses naturelles de notre région restent inexploitées ou très difficilement exploitables.

Mais notre bonne volonté va se heurter à un obstacle redoutable. Comment faire face à cette dépense ?...

Les centimes additionnels qui frappent la fortune immobilière — et ici elle s'appelle surtout la terre — pouvaient se légitimer et suffire quand les budgets départementaux restreints alimentaient presque uniquement des besoins locaux et servaient à des dépenses d'ordre seulement départemental. L'enflement nouveau et imprévu de nos budgets, exige des ressources nouvelles et jusqu'ici imprévues. L'État se meut plus aisément et avec plus de souplesse dans son budget. Il trouve à son gré des ressources multiples qu'il crée d'ailleurs avec une inépuisable prodigalité.

10

Récemment, il élevait à 1.000 fr. par hectolitre, les droits sur l'alcool et un député, heureusement avisé, réclamait que sur chaque hectolitre, 25 % de la recette de l'État fut reversée aux départements et aux communes.

Il y a là une idée d'avenir. M. le Ministre des Finances a promis de l'étudier et de s'en inspirer... Il est désirable que cette idée soit promptement examinée et largement réalisée. Elle peut apporter aux finances départementales la solution qui seule nous permettra, en faisant face aux nécessités nouvelles, de travailler à la Renaissance Économique du Pays.

[Crise financière angoissante

Je n'ignore pas les angoisses que notre situation financière inspire à tous ceux qui osent la regarder en face Elle nous paraît d'autant plus douloureuse qu'après la gloire de la Victoire nous avions le droit d'espérer autre chose !...

Change et Crédit

Si pénible que soit cette constatation, la baisse de notre change vient surtout de la diminution de notre crédit. La France jouissait avant 1914, du premier crédit du monde et son papier faisait prime. Son crédit est atteint et son papier déprécié. Anglais et Américains nous reprochent de n'avoir pas, pendant la guerre, conduit nos finances et nos industries comme eux les leurs.

Mais pouvait on demander aux Français un effort financier plus intense quand corps et âmes étaient tendus, chez tous, hommes et femmes, vers le plus dur, le plus long, le plus dur effort militaire qu'ait connu l'humanité. Était-ce possible?... C'est vrai, nous n'avons pas, de 1914 à 1918, fabriqué de stocks, nous avons fabriqué quelque chose de plus grand, nous avons fabriqué de la *Victoire* au prix du sang de notre jeunesse. Nos Alliés ne peuvent oublier que c'est à cette Victoire qu'ils doivent leur prospérité actuelle et leur existence même. Sans nous, ils seraient les vassaux du Commerce et de l'Industrie allemands. Sans nous, la lourde et impitoyable botte de l'hégémonie teutonne les aurait écrasés !...

Si injustifié que soit le reproche, ce n'est point par des mots, mais par des actes, que nous devons y répondre. Nous devons, dans un budget lumineux, tracer trois sillons.

Remède : Budget en équilibre

D'abord, faire face avec nos ressources annuelles, à nos dépenses ordinaires.

Ensuite, faire payer à l'Allemagne qui les doit, au titre du Traité de Paix, les réparations et les indemnités causées par la guerre de cupidité et de barbarie.

Enfin, l'amortissement progressif de notre Dette par des mesures spéciales et solidement établies.

Donnons au Monde la preuve de notre courage en face des difficultés présentes. Elevons notre énergie financière au niveau de notre énergie militaire. Nous retrouverons notre Crédit.

L'Italie, après l'échec Ethiopien ; l'Espagne, après l'échec des Philippines, ont connu des changes aussi désavantageux que celui qui nous préoccupe. Ces pays se sont relevés. Ils n'avaient pas plus de ressort que la France j'imagine, ils étaient vaincus et nous sommes vainqueur !

Médecine amère

La médecine qui nous guérira sera amère ; les charges à assumer en dehors de toute proportion avec celles auxquelles nous fûmes habitués. Mais les contribuables conscients en comprennent l'impérieuse nécessité. Ils s'y soumettront à condition toutefois que ces charges soient justes, justifiées, judicieuses.

Justes. — L'Egalité de tous devant l'impôt est une des conquêtes de notre droit public. N'y faisons pas de brèches.

Qui n'a rien ne devra rien, qui a peu devra un peu, qui a beaucoup devra beaucoup, qui a énormément devra énormément. Un luxe inutile et oisif n'est pas de mise en face des plaies de la patrie.

Justifiées. — Notre budget doit en finir avec un laisser-aller dont le vrai nom est gaspillage. Toute dépense inutile doit être supprimée: « Qui en introduit une par la création ou le maintien injustifié d'un fonctionnaire — disait Roosevelt — ce grand et véritable ami de la France, commet un péché. Il viole le commandement de Dieu contre le vol : Bien d'autrui tu ne prendras.

Judicieuses. — Notre budget toutefois ne doit pas se borner à une économie atteinte de myopie... Il doit regarder l'avenir. Il ne doit pas hésiter devant les semis qui assurent au lendemain de fertiles moissons. Il ne doit pas tarir surtout les sources nécessaires à l'activité et à la production.

Ecraser l'agriculture sous les impôts nouveaux parce que la fortune immobilière étalée au soleil ne peut échapper aux taxations serait imprudente et criminelle folie.

Ne tuons pas la « terre »

Ne serait-ce pas criminel d'oublier que ce sont les poitrines des paysans qui ont dans les tranchées, arrêté la ruée allemande ? Ne serait-il pas suprêmement imprudent de négliger la fertilité de notre sol — véritable jardin de la planète — en le privant d'une main-d'œuvre écartée de la terre par l'insuffisance de ses salaires comparés à ceux des usines et des villes tentaculaires?

Ne serait-ce pas folie, au moment où la France est angoissée par la faiblesse de sa natalité et les ravages des utopies et des sophismes anti-sociaux, de fermer les foyers féconds et de décourager le bon sens de notre race. Sur chaque arpent possédé par un paysan, écrivait Thiers, en 1848, s'élève un fusil pour défendre la propriété.

A ce paysan, créateur d'idéal, et à son bas de laine, rançon de nos fautes, M. Deschanel, alors simple député adressait une éloquente péroraison. Il célébrait en lui les vertus sociales : labeur, économie, persévérance, frugalité qui mieux que l'or constituent la richesse réelle d'une Nation.

A ces hommes qui de 1914 à 1919 nous ont montré que jamais notre race n'avait été plus noble et plus vaillante, plus patriote, plus endurante, faisons un large crédit. Pas d'optimisme béat — vaine excuse de l'indolence ; pas de pessimisme délétère — coupable parce que décourageant.

Les jeunes hommes et les hommes mûrs verront le Midi rayonnant de notre renaissance économique ; les vieillissant seront réchauffés et réjouis s'ils en entrevoient l'aube. Ils devront ce réconfort au travail du paysan de France. Douter de lui serait une calomnie ; ne pas tout faire pour l'aider dans l'amélioration de son sort, une néfaste et coupable injustice.

Banquet de La Canourgue

Messieurs,

D'abord, vous avez célébré les morts et les mutilés, mais dans cette fête de la victoire ne devons-nous pas penser aussi à tous ceux qui en furent les artisans. Parmi eux, n'oublions pas les femmes de France.

Sur les hottes de nos vieilles cheminées, on écrit, quelquefois, la maxime biblique: « La femme fait ou défait la maison » ; pour être plus juste, aujourd'hui, ajoutons-y un mot : La femme fait et défait la nation. Tels fils, telles mères, telles femmes, tels peuples.

La femme gardienne et honneur du foyer

De Plutarque à Le Play, tous les philosophes et tous les sociologues l'ont constaté, la femme fonde, par son exemple, les bonnes mœurs, et tant valent les mœurs d'une nation, tant vaut la nation.

Si les Lacédémoniens, disait Plutarque, furent les plus vaillants de la Grèce, c'est que nulle part les femmes ne furent plus vaillantes. Quand elles armaient leurs enfants pour la guerre, elles leur attachaient au bras gauche, le bouclier et comme adieu leur adressaient ces mots :

« Reviens dessus ou dessous. »

Cette phrase laconique était grosse d'héroïsme. Elle signifiait : Reviens vainqueur, brandissant sur ta tête ton bouclier en geste de victoire, ou reviens mort, étendu et porté dessus comme dans un linceul glorieux, mais ne reviens jamais sans ce bouclier que les lâches jettent en se sauvant pour fuir plus rapidement. Victorieux ou mort, nous t'aimerons et t'admirerons encore, déshonoré, nous ne te reconnaîtrons plus.

La Française pendant la guerre

La femme Française n'a rien à envier comme vaillance à la Lacédémonienne, son héroïsme est égal, mais avec quelque chose de plus doux et de plus touchant encore.

A Paris, en août 1914 au départ pour l'Est de nos enfants, autour du train qui les emportait làoù nous pensions que se livrerait le premier choc, que de mères, je ne dirai pas de conditions diverses; grandes dames venues en automobile luxueuse ou simples ouvrières en cheveux, ce jour-là, toutes, elles étaient égales, toutes sœurs dans la douleur et dans la grandeur d'âme, étaient réunies. Je les vois encore ces femmes, souriant à ceux qui partaient. Onsentait que leur cœur était brisé et débordait de larmes, mais leurs yeux restèrent secs, jusqu'à ce que le dernier mouchoir agité, la portière du dernier wagon eût cessé d'être en vue. Elles ne voulaient pas paraître émues de leur sacrifice parce que ce sacrifice était pour le salut de la France. Elles se montraient braves pour que ceux qui partaient fussent braves comme elles.

Et pendant la guerre, en face de l'infirmière volontaire de la Croix-Rouge, de l'ouvrière à l'usine, ou mieux encore de la paysanne de chez nous, saisissant de sa main meurtrie, la charrue abandonnée par le père, le fils, le frère ou le fiancé parti au front, comment ne pas sentir son cœur battre, ses paupières se mouiller devant tant de beauté morale.

Femmes de France, votre rôle n'est pas fini, nous vous devons la résurrection de la Patrie, plus belle, plus prospère, plus heureuse que jamais.

Nous la devrons au foyer dont vous serez l'ornement et la dignité.

Nous la devrons à votre haut idéal.

Nous la devrons à votre esprit de sagesse, d'économie, de travail.

Nous la devrons à vos familles nombreuses, saines moralement et physiquement.

La Mère

N'est-ce pas avec fierté que je lisais hier les numéros de l'*Officiel* décernant aux mères de cinq, huit, dix enfants, les médailles de bronze, d'argent et d'or de la reconnaissance nationale. J'y voyais la Lozère tenir le premier rang.

Alors, revenaient à mon esprit les vers de François Fabié, s'appliquant aussi bien à nous qu'à nos voisins de l'Aveyron. Oui, nos femmes sont aussi vaillantes que vaillants leurs maris.

> Et comme la Romaine étalent autour d'elles
> Le luxe de beaux gars qu'elles ont tous nourris.

Aux Lozériennes

Messieurs,

Aux beaux gars de notre pays, nos frères, nos amis bien-aimés, vous avez bu,

A leurs mères, à leurs épouses, à leurs fiancées, aussi dignes d'eux, je lève à mon tour mon verre.

Je bois avec une reconnaissance respectueuse à la Lozérienne, à la femme de France, à ce joyau, incomparable perle, la plus éclatante et la plus pure de notre éclatante couronne nationale.

(1921)

Erection du Monument des Morts à Marvejols

Culte des Morts

Monseigneur, Mesdames,
Messieurs et Chers compatriotes.

Un voyageur du XVIII⁰ siècle écrivant ses impressions sur la France, y notait avec admiration, de quel culte nous entourions nos morts. Il décrivait la douce mélancolie de nos cimetières d'antan, comme endormis à l'ombre du clocher. On voit là, concluait-il, l'hérédité du génie latin. La religion primitive de Rome n'avait-elle pas sa base dans le culte des ancêtres et l'imitation de leur vertu. Quand elle disparut, étouffée par le luxe et la mollesse, le flot barbare ne trouva plus de digues.

Et le berceau du monde en devint le tombeau.

En France, le culte de ceux qui ne sont plus, n'a jamais été plus profond et plus tendre, les monuments dédiés dans chaque commune, à nos glorieux morts, en sont la preuve éclatante.

Par des cérémonies comme celle-ci, vous voulez placer dans la Cité, un témoin éternel de la grandeur de notre race et de sa reconnaissance.

Devant ces monuments, les générations futures se demanderont de quel argile divin étaient pétris leurs aïeux, ces aïeux qui surent arrêter la barbarie savante de l'Allemagne, éblouissant le XX⁰ siècle, de leur courage et de leur magnanimité.

Souvenir de l'Epopée

Nos petits enfants sauront tous cette incomparable épopée ; ils frémiront au récit de nos premiers revers, ils se réjouiront devant le redressement miraculeux de la Marne, ils admirerent l'indomptable patience des tranchées. Leur cœur exalté à l'heure décisive de novembre 1918, battra au son de nos tambours, poussant devant eux l'ennemi démoralisé, qui pour éviter un encerclement certain, se courba sous les fourches caudines d'un armistice, capitulation la plus honteuse qu'ait enregistré l'histoire militaire du monde.

Quant à nous, qui avons vécu ces heures, tout à la fois angoissantes et enivrantes, que nous importe la beauté ou la naïveté, la somptuosité ou la modestie de ces stèles commémoratives ! Les plus simples vous ont paru les plus belles. Qui pourrait songer à élever à nos poilus, un tombeau digne d'eux ? Mais en pensant à ceux qui ne sont plus, nous pensons et nous devons penser à ceux qui ont survécu. Ce n'est pas la mort, c'est le cœur impavide devant le danger qui fait le héros.

Dans notre guerre, que de courages qui, pour être restés obscurs, n'en sont pas moins quasi divins. Parmi nos survivants, nos mutilés entre tous, ont droit à un amour effectif et agissant. Grâce à eux, notre génération a vu se déchirer la camisole de force, appesantie sur nos épaules par l'odieux Traité de Francfort.

Le Traité de Versailles doit être exécuté

Celui de Versailles a justement imposé à l'Allemagne la réparation des ruines matérielles et personnelles, causées par sa méthode consciemment cruelle, de mener une guerre implacable. Elle devrait comprendre, cette Allemagne qu'elle ne pourra se faire pardonner ses crimes, qu'en tenant ses engagements. Ergoter est pour elle misérable et honteux. Son cynisme matérialiste n'hésite pas, cependant. L'avarice est plus forte chez elle, que le sens de l'honneur. Aux vivants de l'empêcher de violer ses promesses. La faiblesse ou la fausse sentimentalité, qui nous porterait à déchirer de nos propres mains, nos Traités, serait trahison envers nos morts. Leurs survivants ne la permettront pas ; ne nous crieraient-ils pas, au nom de leurs camarades:

« Ce n'est point pour de tels abaissements que nous « avons pris les armes.

« Ce n'est point pour de tels reniements que nous avons « persévéré cinquante deux mois dans les tranchées.

« Ce n'est point pour de telles défaillances que nous « avons sacrifié notre jeunesse.

« Nous avons versé notre sang pour assurer à ceux qui « nous survivront, la liberté, la justice, la paix. »

Notre reconnaissance envers nos Poilus doit être réalité

Nous, les survivants, notre vie doit avoir un seul but. Remplir vos vœux chers poilus. Nous les remplirons ces vœux, en songeant à vos vertus et en les imitant.

Vous avez eu la valeur, la foi dans l'immortalité de la France, l'union qui met fin à toutes les vaines querelles des partis mesquins, dans l'amour de la grande et maternelle Patrie,

Que nos ennemis, aujourd'hui comme hier, escomptent nos divisions et cherchent à les attiser. Soit. Mais ils n'y réussiront pas, nous resterons unis, pour défendre le sol sacré.

La haine n'est que mort, l'amour seul est vie. C'est par là, chers et vaillants disparus, que nos camarades et nous, compléterons votre œuvre. Si nous y manquions, sortant de vos tombeaux, vos voix vengeresses auraient le droit de nous crier avec Victor Hugo:

Vivants vous êtes des fantômes
C'est nous qui sommes les vivants.

Ah! certes, oui, chers disparus, vous vivez et vous vivrez toujours dans nos cœurs, dans le souvenir de la France, dans sa sincère et profonde reconnaissance, Mais, nous aussi, nous vivrons pour vous et par vous. Pour vous et par vous, nous comprendrons le devoir que vous vous étiez imposé : Travailler en commun à faire de la France, toujours plus belle de beauté morale et de prospérité matérielle, un foyer fraternel où nous entourerons de notre tendresse, ceux que vous aimez et que nous aimons. Si la mort venait nous atteindre avant que nous ayons accompli notre tâche, tout au moins nous pourrons nous dire que nous avons tout fait pour préparer, conformément à vos pensées, l'aurore d'un siècle plus fécond et plus beau.

(1921)

Erection du Monuments des Morts à Auroux
1923

La pensée qui a fait élever dans chacune de nos communes un monument destiné à perpétuer le souvenir de nos morts, à célébrer leur gloire, à proclamer notre douleur et notre reconnaissance est digne de la France.

Elle est noble, grande, admirable entre toutes. Grâce à elle nos morts sont et resteront toujours vivants à travers les générations successives.

Nos enfants les plus éloignés ne pourront point passer devant ces pierres ou ce bronze sans en retirer un triple et précieux enseignement.

Une leçon d'*Histoire.*

Une leçon de *Reconnaissance.*

Une leçon de *Vitalité.*

.·.

Leçon d'Histoire glorieuse et terrible

Ils voudront, nos enfants, savoir à quels hauts faits répondent ces cénotaphes. Dans le recul du temps, quand certaines vapeurs malsaines qui sous le souffle des passions encore brûlantes de quelques-uns se seront dissipées, l'Histoire, dans sa sérénité, écrira la plus belle page que les siècles auront connues.

Elle dira qu'en 1914 la France ne rêvait que Pacification et Progrès social. Elle notera même que certains idéologues entraînés par leurs illusions optimistes proclamaient l'impossibilité de la guerre dans la civilisation dont ils se flattaient d'être les apôtres. Peu s'en fallut que ces utopies ne nous livrassent désarmés à nos ennemis. Seul le prévoyant courage de quelques bons citoyens bravant l'impopularité, nous arma, au moins en partie, mais peut-être encore insuffisamment, contre la ruée barbare.

L'Allemagne profita de ce qu'elle croyait chez nous, sommeil et décadence pour — sous un prétexte, camouflage odieux — jeter sur nous ses canons innombrables, ses terribles mitrailleuses, ses gaz empoisonnés et ses millions d'hommes armés, entraînés, ivres de vin et d'orgueil.

L'histoire montrera le peuple de France, se levant en face de l'outrage, préférant la mort à l'esclavage, se dressant unanime, main dans la main, cœur contre cœur, calme, décidé, prêt — puisqu'on attaquait sa mère — à la défendre.

L'Histoire redira la vaillance surhumaine de nos bataillons suppléant d'abord au nombre et à l'armement par le génie de ses chefs, et l'inébranlable résistance de ses poitrines invincibles, ajoutant à l'antique furia francese, une puissance de patience qui n'avait jamais été égalée.

Elle montrera le monde entier se dégageant des poisons d'une propagande calomniatrice — arme que le mensonge allemand excelle à manier — frappé de surprise et d'admiration devant les héros de la Marne, de l'Yser et de Verdun, se rangeant du côté de la liberté, de la vérité et du bon droit.

L'Histoire rappellera enfin comment, ce que quelques-uns appellent la Justice immanente des choses; ce que, nous, croyants, nous appelons le Dieu Juste, le Dieu Vengeur étendant sa main sur l'Univers... comment, dis-je, une fois de plus les Français, chevaliers de l'Idéal et de la Civilisation ont eu raison de la cupidité et de l'orgueil germanique, malgré sa longue, laborieuse et savante organisation de ruine et de mort.

.·.

Leçon de reconnaissance
envers nos vaillants défenseurs

Mais ces monuments nous condamneraient — nous Français de 1923 — et nous voueraient au mépris de nos successeurs, s'ils n'y voyaient qu'une vague apothéose et si à côté nous n'apportions à ceux qui nous ont sauvé du joug barbare le tribut d'une effective et généreuse reconnaissance.

A nous de donner aux mères vieillies par la douleur autant que par l'âge, en souvenir de ceux que leurs flancs engendrèrent et leur sein allaita, l'aide matériel que l'amour filial leur apportait.

A nous de ne pas oublier les veuves inconsolables que la balle, la baïonnette, l'obus ou la tranchée mortelle a privé de celui qui fût la joie de leur jeunesse, la fécondité et l'aisance d'un foyer chéri.

A nous, puisque leur père est mort pour la Patrie, de servir de Père aux orphelins de nos héros. A nous d'appliquer dans sa pensée comme dans sa lettre, la loi des Pupilles que le Parlement a voté dans ce but. Quiconque apporterait dans son exécution une autre préoccupation que celle de continuer l'œuvre du père glorieusement tombé, quiconque tendrait à inspirer au fils sa propre conviction politique ou philosophique, différente de celle du père, commettrait une indignité.

Mais le culte des morts ne doit pas faire oublier les vivants.

Nobles mutilés, vaillants combattants qui, rentrés dans vos chaumières, vos champs, vos usines, vos maisons de commerce, attendez avec anxiété quel sera votre sort quand auront diminué avant l'âge vos forces de travail et de gain, c'est à nous de vous délivrer de cette angoisse.

A nous d'en trouver les moyens, tout à la fois en luttant contre tout gaspillage et en équilibrant nos budgets par des ressouces réelles et non par des emprunts faciles et une production commode de billets de banques qui aboutit à une augmentation de la vie chère et perpétuant le mal, l'aggrave même loin de le guérir.

L'exemple de l'Allemagne — failli frauduleux — nous est une utile leçon.

Leçon d'Idéal et de vitalité sociale

A vos tombeaux, chers morts en venant vous consulter, nous entendrons votre grande voix qui nous dévoilera le secret de la vie.

Les nations comme les individus sont soumis à des lois éternelles et inéluctables.

Les individus sont marqués au front d'un signe qui limite leur existence terrestre. Ils ne peuvent se survivre que dans l'immortalité d'une existence céleste promise par la philosophie comme par la religion à ceux qui savent la mériter et la conquérir.

Les nations aussi vivent et meurent, mais elles sont maitresses, elles, de leur vie, et quand elles perdent les vertus par lesquelles elles existaient, elles s'effondrent fatalement dans l'abime du tombeau.

Que de civilisations, jadis brillantes, ont connu ce sort. Les monuments par elles laissé, nous crient leur grandeur, leur opulence, le sens du beau de leurs artistes, la science de leurs ingénieurs mais tout cela il nous le faut déterrer sous les vagues de sable qui leur servent de linceul.

De quelques peuples, toutefois, ce qui nous en est resté nous dit avec leur mort la cause de celle -ci.

La Grèce, malgré son admirable culture philosophique et littéraire, s'est effondrée quand le Spartiate de Léonidas s'est transformé en intellectuel bavard et ergoteur. Les Romains de Cicéron l'avaient d'un mot flétri ce bâtard dégénéré des Platon, des Aristote et des Périclés, ils l'appelaient Greculus.

Rome elle-même disparut. Et un jour, tout fût changé :

Quand l'ouragan du nord sur les débris de Rome
De sa sombre avalanche eût jeté le linceul.

Le paysan romain avait triomphé du génie d'Annibal. Ses descendants dégénérés, ivres de richesse ou devenus les mendiants du pain de César, et de ses jeux sanglants ne purent tenir devant l'invasion barbare. La mollesse, fatal produit d'une vie où seul est prisé la fortune, et que ne relève aucun idéal, avait mordu et désagrégé le granit romain.

L'homme ne vit vraiment que si ses yeux se lèvent vers le Ciel au lieu de passer comme un troupeau les yeux fixés à terre.

Quiconque n'a pas un haut idéal, quiconque se confine en son petit bien-être et oublie que chacun de nous devant une partie de son bonheur à ses aïeux doit le transmettre par son énergie à ses successeurs est un parasite inutile et sans dignité.

Le vrai bonheur, disait Coppée, est fait de celui que l'on procure à son semblable.

Ne traduisait-il pas ainsi le mot du Christ répété à chaque instant par le vieux saint Jean: Aimez-vous les uns les autres.

S'aimer les uns les autres c'est au besoin se sacrifier soi-même..

Nobles morts. Vous avez sacrifié votre vie à la pérennité de la Patrie. Vous êtes tombés pour qu'elle demeure debout.

Comme vous, sachons donc sacrifier nos intérêts particuliers à l'intérêt public. Par là, nous honorerons votre mémoire et vivrons de vos héroïques exemples.

Grandes Commissions, Groupes et Comités officiels

auxquels M. de Las Cases appartient

Commission des Affaires étrangères ;

Commission de l'Enseignement ;

Commission de la Législation civile ;

Groupe de l'Agriculture ;

Groupe des Familles nombreuses ;

Groupe du Tourisme dont il est président ;

Conseil supérieur des Pupilles de la Nation ;

Ligue de la Société des Nations ;

Comité National d'Etudes ;

Comité de la Natalité qui étudie et prépare des lois relatives à l'hygiène, aux familles nombreuses, etc., etc.

TABLE DES MATIÈRES

PREMIÈRE PARTIE

DEUXIÈME PARTIE

Quatre années au Sénat d'après guerre

TROISIÈME PARTIE

Extraits des discours et écrits de M. de Las Cases

Politique extérieure

Politique intérieure

Discours au Conseil Général et à différents Monuments des Morts

Grandes Commissions, Groupes et Comités officiels